Name: ....

....

UNLOCKING ARABIC

TRACING ARABIC QURAN
CHAPTERS 8-9

SERIES
UNLOCKING ARABIC: A SIMPLE PATH TO MASTERY

CHILDREN & ADULTS

ENGLISH EDITION

© 2025 Canada Universal School

Design and revision for accuracy by: Taoufik El Goussi, BBA, MBA, CPA, CGA

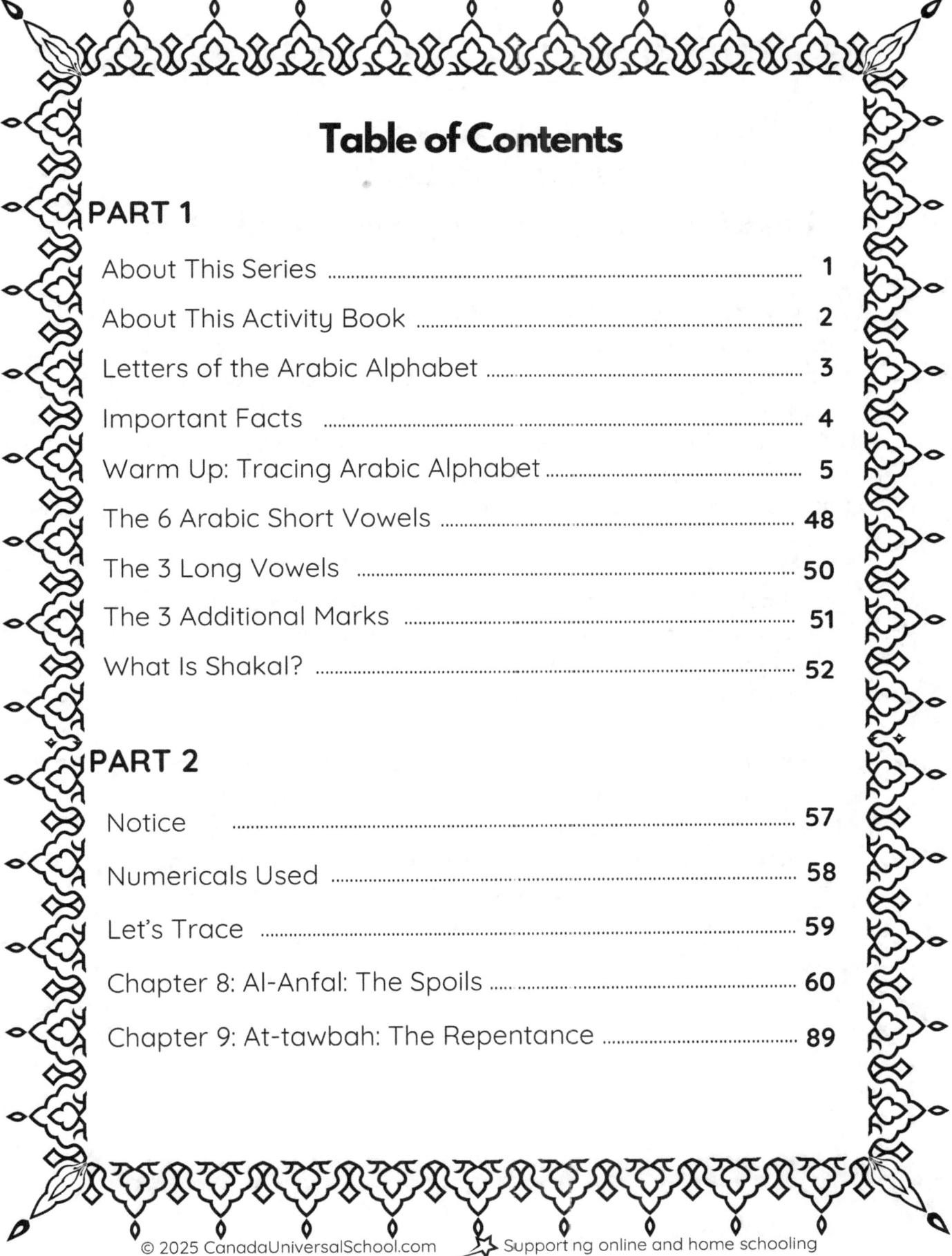

Table of Contents

PART 1

PART 2

Part 1

About This Series:
Unlocking Arabic: A Simple Path to Mastery

This series is designed primarily for learners who are beginning their journey in Arabic as a second language. "Unlocking Arabic" will help you uncover the secrets of the Arabic language through a step-by-step approach that takes you from foundational skills to advanced proficiency. Whether you're just starting or looking to refine your abilities, this series equips you with the tools and confidence to master the language.

The series is organized into four key blocks of workbooks:
Block 1: Tracing the Arabic Alphabet and Words
Block 2: Tracing the Arabic Quran Chapters
Block 3: Arabic Grammar
Block 4: Reading Comprehension

Whether you're Muslim or non-Muslim, learning Arabic opens up incredible opportunities and brings invaluable richness to your life. As one of the Semitic languages, Arabic is one of the world's most widespread languages. It is also one of the six official languages of the United Nations and serves as the liturgical language of nearly a quarter of the planet's population.

About This Activity Book

This activity book is part of **Block 2** of the Unlocking Arabic series, focusing on tracing Quranic text. It is designed to help you master Arabic handwriting while also enhancing your memorization, grammar, and vocabulary.

Whether you're a child or an adult with a basic understanding of Arabic pronunciation and writing, this book is perfect for you! **If you're a complete beginner**, it's recommended to start with the **Block 1** workbooks.

As you trace the letters and words, be sure to pronounce them aloud. You'll notice significant improvement in your handwriting, grammar, and vocabulary. Dive in and watch your Arabic skills grow regardless of your age!

Why Tracing Matters?

Researches have shown that handwriting can enhance memory and understanding, helping to imprint information in the brain more effectively than typing on a computer. Handwriting also improves fine motor skills, letter recognition, spelling, grammar, memory, comprehension, creativity, and attention to detail, while strengthening the muscles in the fingers and hand.

Since most Arabic language rules are derived from the Quran, tracing Quranic text not only helps improve handwriting but also effortlessly enhances grammar and vocabulary, often subconsciously!

Letters of the Arabic Alphabet

● The following are the **28** letters of the Arabic alphabet.

1	Alif (ا)	8	Dal (د)	15	Dhad (ض)	22	Kaf (ك)
2	Ba (ب)	9	Thal (ذ)	16	Taa (ط)	23	Lam (ل)
3	Ta (ت)	10	Ra (ر)	17	Dhaa (ظ)	24	Meem (م)
4	Tha (ث)	11	Zay (ز)	18	Ayn (ع)	25	Noon (ن)
5	Jeem (ج)	12	Seen (س)	19	Ghayn (غ)	26	Ha (ه)
6	Hha (ح)	13	Sheen (ش)	20	Fa (ف)	27	Waw (و)
7	Kha (خ)	14	Sad (ص)	21	Qaf (ق)	28	Ya (ي)

● Some scholars consider a **29**th letter, called **Hamza (ء)**, while others regard it as a variant of Alif or give it a special status.

● All Arabic letters are **consonants.** However, Arabic has a separate **system of vowels** (called Shakal), which will be briefly introduced after the warm-up section, where you will trace just the basic forms of the Arabic letters without Shakal.

Important Facts

- Arabic is written and read from **right** to **left**.

- Arabic letters do not have **uppercase** or **lowercase** forms. Each letter has a single form, though it may change slightly depending on whether it appears ct the **beginning**, **middle**, or **end** of a word.

- In most words, the letters are **joined together**, similar to handwriting in English. However, some letters, such as **Alif**, cannot be joined due to practical reasons, as their attachment could cause confusion with other letters.

- There are no distinct **printing** and **handwriting** forms in Arabic, as there are in English. In fact, you can consider Arabic to be entirely in **handwritten form**, since most letters in a word are connected.

Warm-Up: Tracing the Arabic Alphabet

Do not trace randomly. **Follow the guidelines** from **right to left** to develop a better habit of good and quick handwriting.

Trace the Letter: Alif

Do not trace randomly. Follow the guidelines from right to left to develop a better habit of good and quick handwriting.

Second part of the letter

Trace this part of the letter first

Trace the Letter: Alif

(a variant)

Do not trace randomly. Follow the guidelines from right to left to develop a better habit of good and quick handwriting.

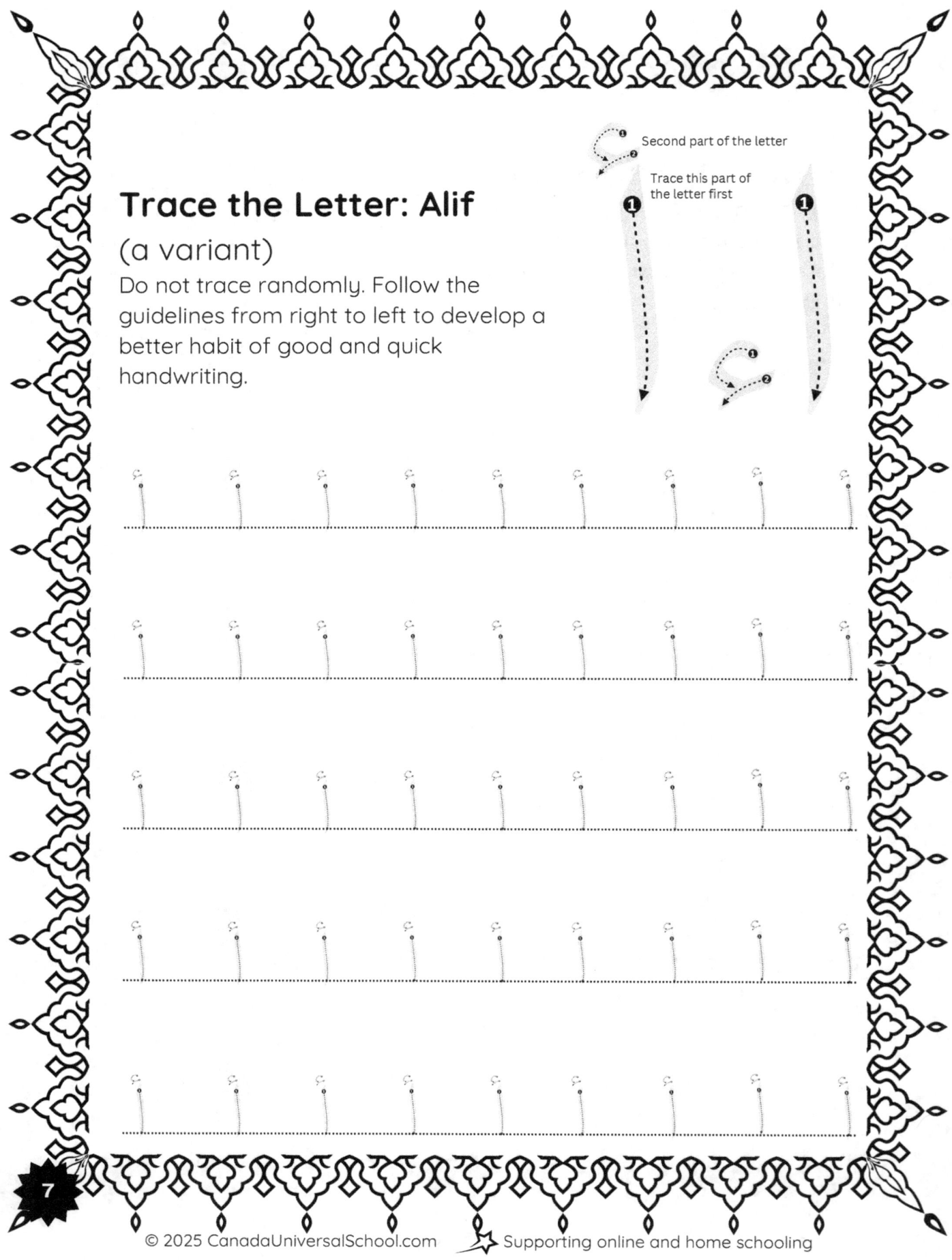

Second part of the letter

Trace this part of the letter first

Trace the Letter: Alif

(a variant)

Do not trace randomly. Follow the guidelines from right to left to develop a better habit of good and quick handwriting.

Trace the Letter: Alif

(a variant)

Do not trace randomly. Follow the guidelines from right to left to develop a better habit of good and quick handwriting.

Second part of the letter

Trace this part of the letter first

Trace the Letter: Alif

(a variant)

Do not trace randomly. Follow the guidelines from right to left to develop a better habit of good and quick handwriting.

Trace the Letter: Hamza

Do not trace randomly. Follow the guidelines from right to left to develop a better habit of good and quick handwriting.

Trace the Letter: Hamza

(a variant)

Do not trace randomly. Follow the guidelines from right to left to develop a better habit of good and quick handwriting.

Supporting online and home schooling

Trace the Letter: Hamza

(a variant)

Do not trace randomly. Follow the guidelines from right to left to develop a better habit of good and quick handwriting.

Second part

Trace this part of the letter first

Trace the Letter: Hamza

(a variant)

Do not trace randomly. Follow the guidelines from right to left to develop a better habit of good and quick handwriting.

Second part of the letter

Trace this part of the letter first

Trace the Letter: Ba

Do not trace randomly. Follow the guidelines from right to left to develop a better habit of good and quick handwriting.

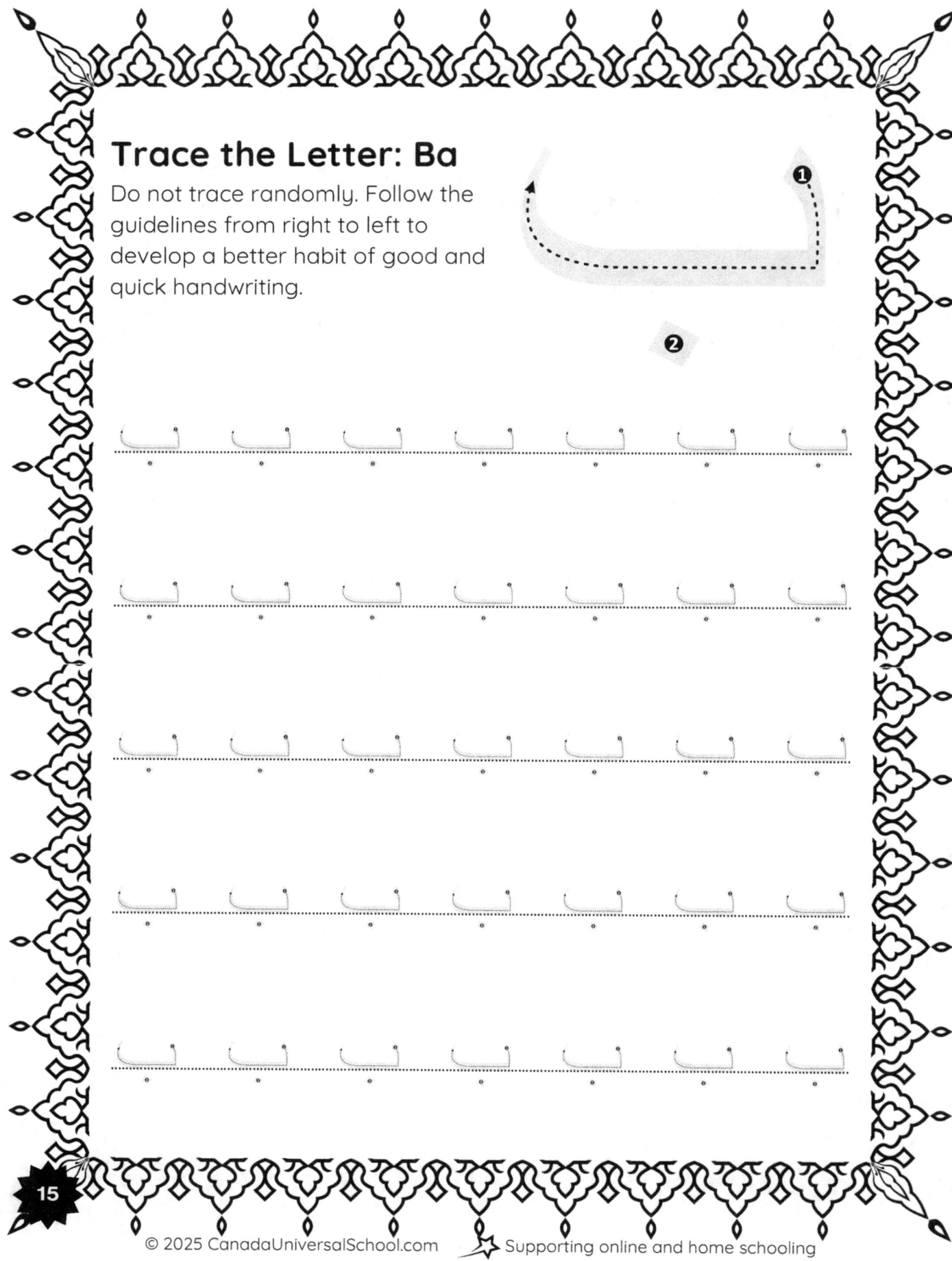

Trace the Letter: Ta

Do not trace randomly. Follow the guidelines from right to left to develop a better habit of good and quick handwriting.

Trace the Letter: Ta

(a variant)

Do not trace randomly. Follow the guidelines from right to left to develop a better habit of good and quick handwriting.

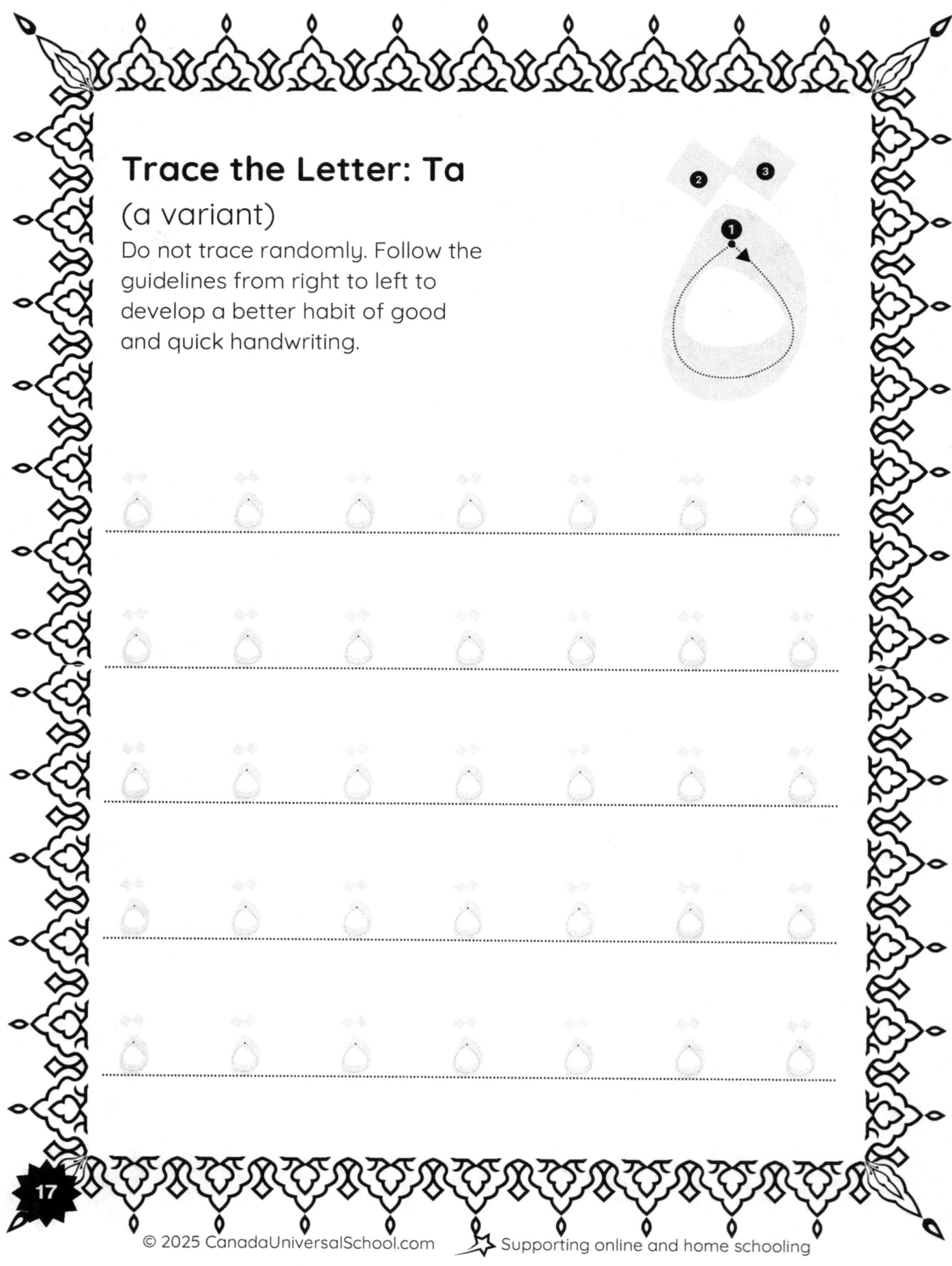

Supporting online and home schooling

Trace the Letter: Ta

(a variant)

Do not trace randomly. Follow the guidelines from right to left to develop a better habit of good and quick handwriting.

Trace the Letter: Tha

Do not trace randomly. Follow the guidelines from right to left to develop a better habit of good and quick handwriting.

Trace the Letter: Jeem

Do not trace randomly. Follow the guidelines from right to left to develop a better habit of good and quick handwriting.

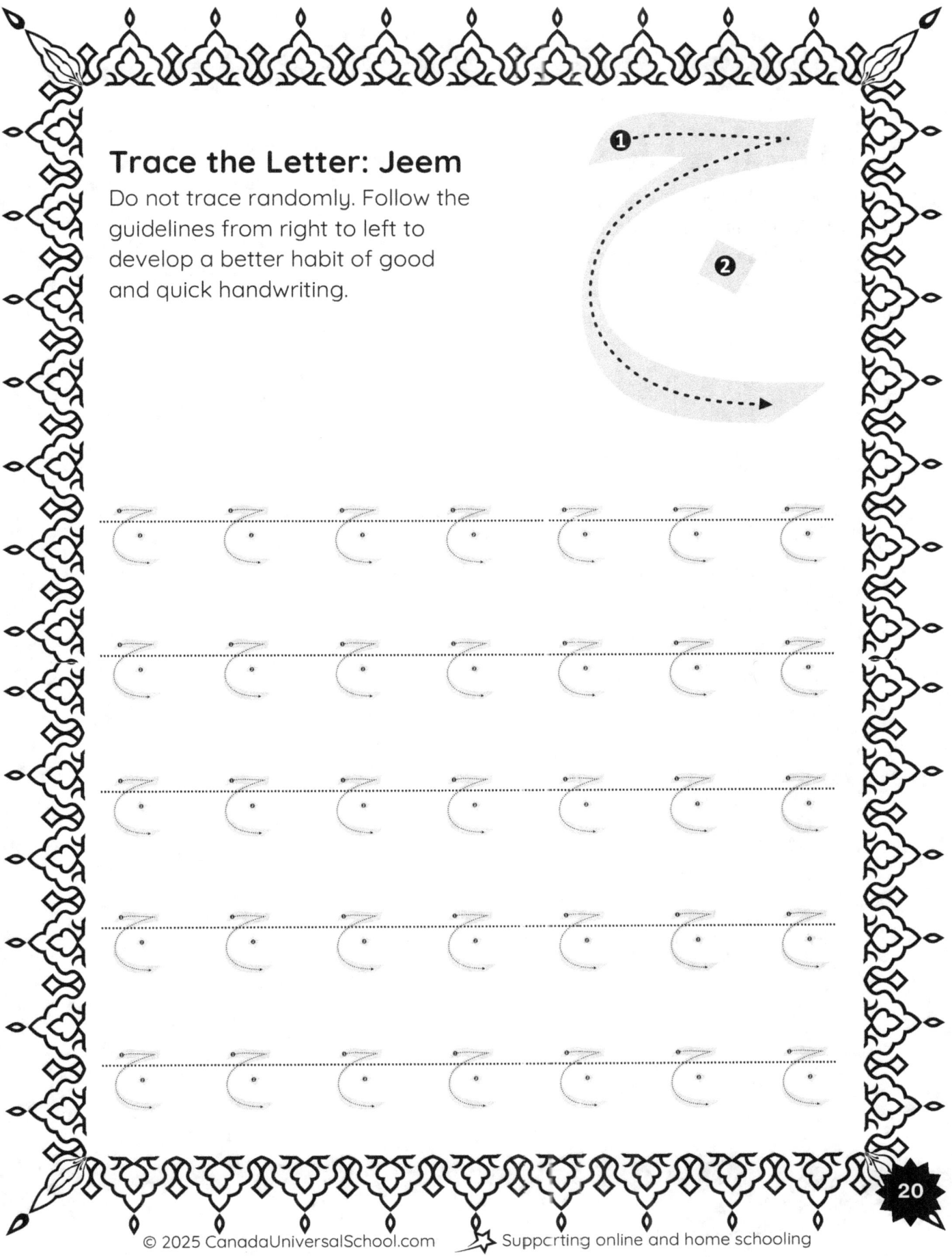

Trace the Letter: Hha

Do not trace randomly. Follow the guidelines from right to left to develop a better habit of good and quick handwriting.

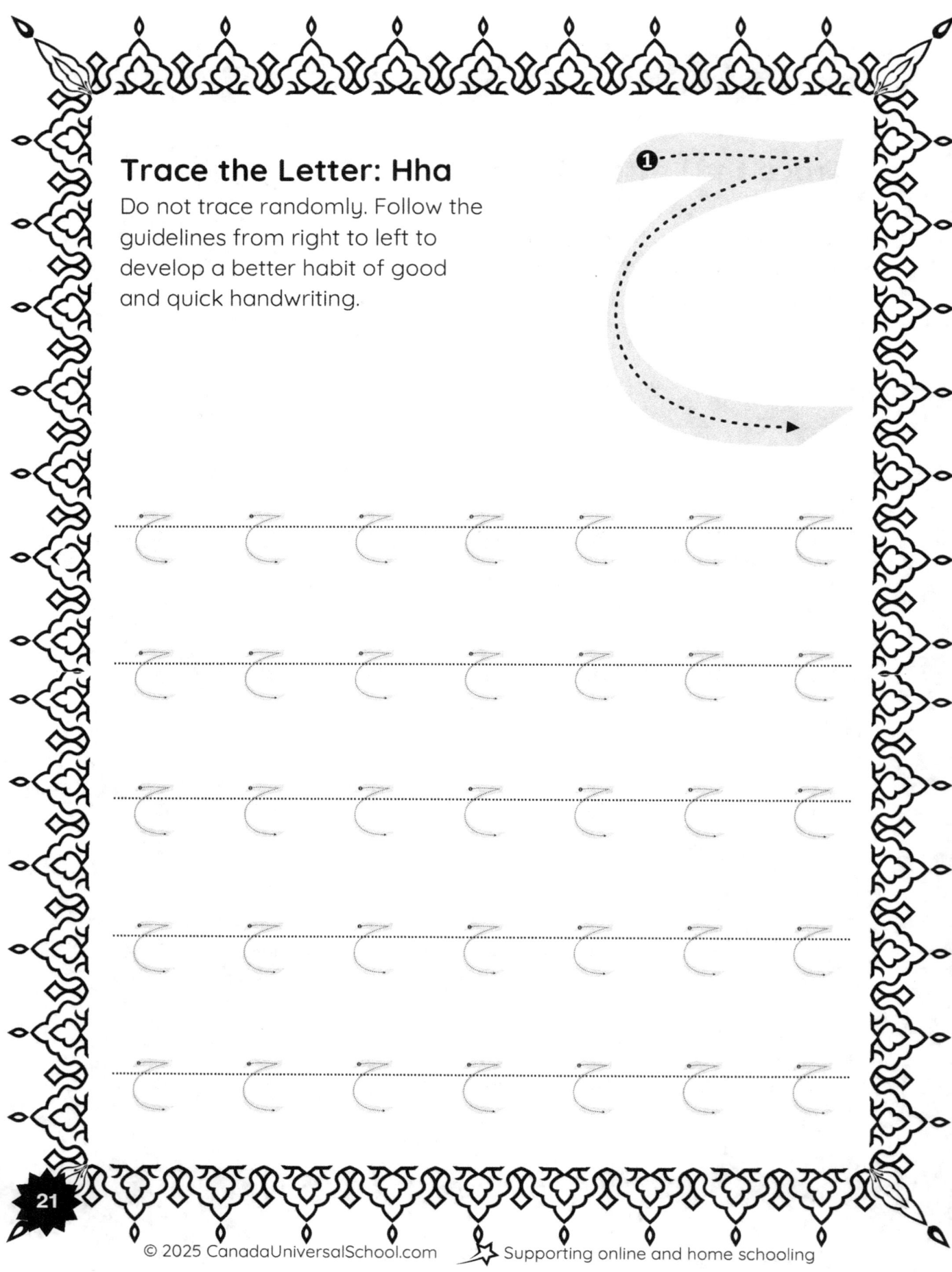

Trace the Letter: Kha

Do not trace randomly. Follow the guidelines from right to left to develop a better habit of good and quick handwriting.

Supporting online and home schooling

Trace the Letter: Dal

Do not trace randomly. Follow the guidelines from right to left to develop a better habit of good and quick handwriting.

Supporting online and home schooling

Trace the Letter: Dhal

Do not trace randomly. Follow the guidelines from right to left to develop a better habit of good and quick handwriting.

Trace the Letter: Ra

Do not trace randomly. Follow the guidelines from right to left to develop a better habit of good and quick handwriting.

Trace the Letter: Zay

Do not trace randomly. Follow the guidelines from right to left to develop a better habit of good and quick handwriting.

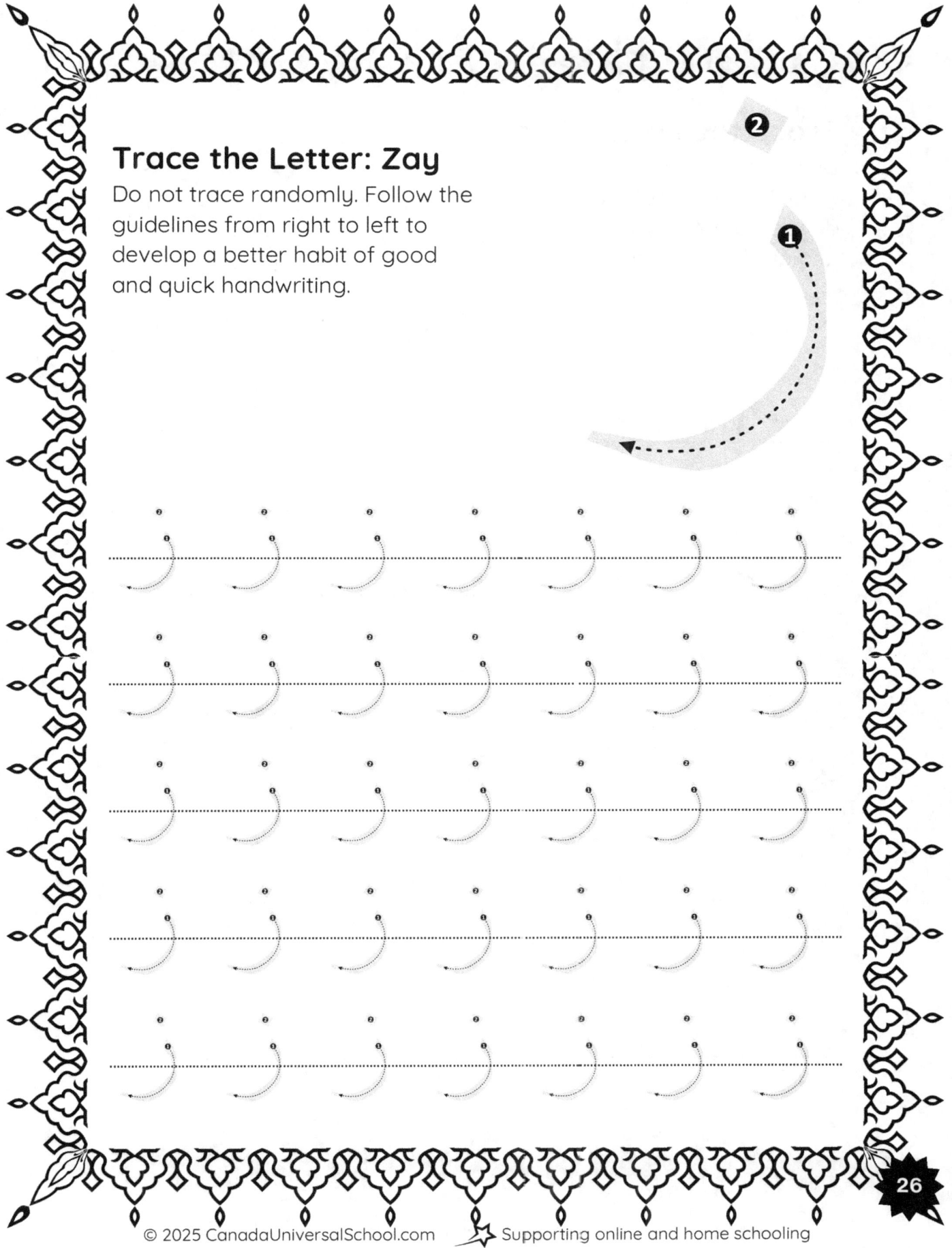

Trace the Letter: Seen

Do not trace randomly. Follow the guidelines from right to left to develop a better habit of good and quick handwriting.

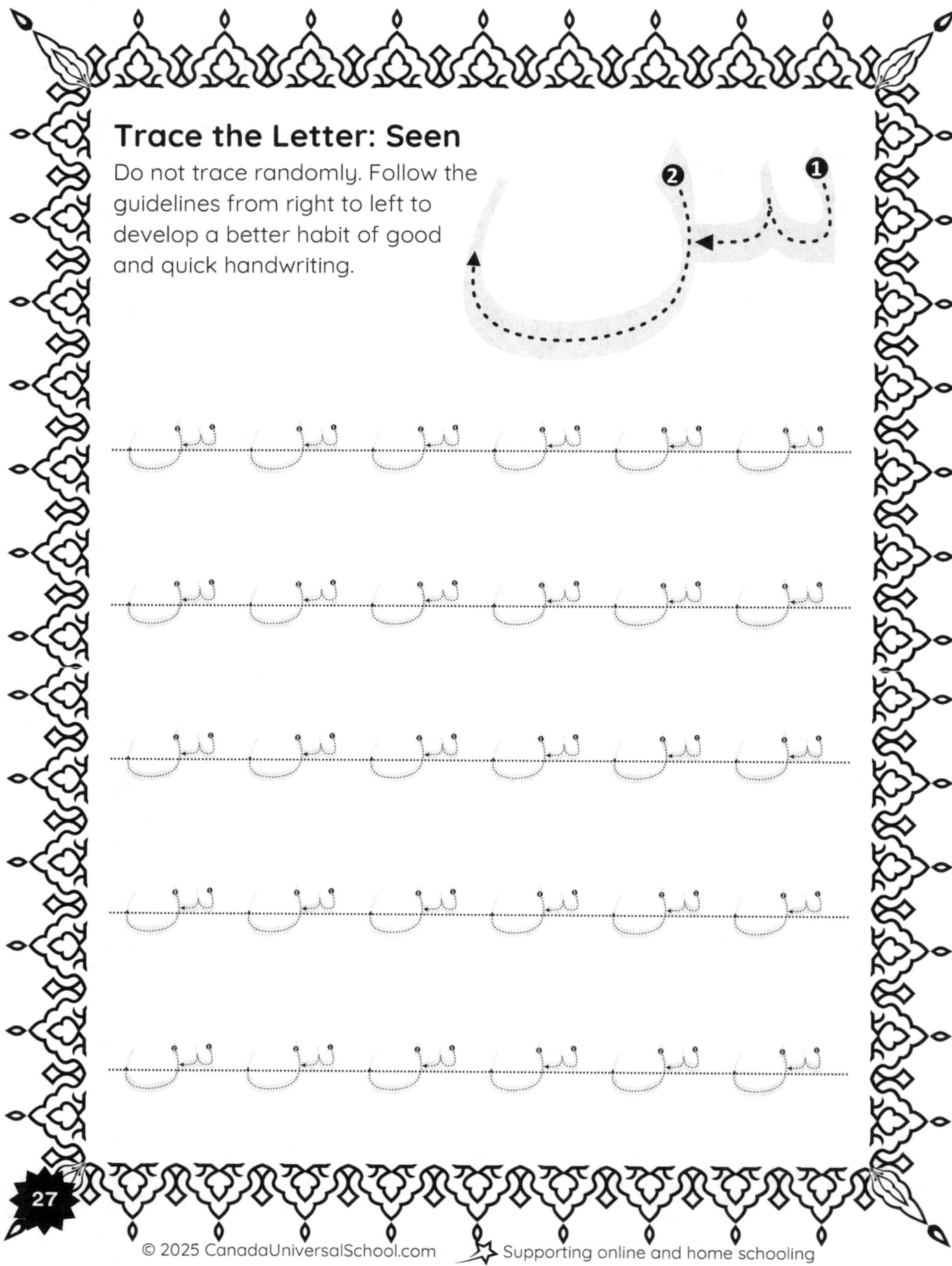

Trace the Letter: Sheen

Do not trace randomly. Follow the guidelines from right to left to develop a better habit of good and quick handwriting.

Trace the Letter: Sad

Do not trace randomly. Follow the guidelines from right to left to develop a better habit of good and quick handwriting.

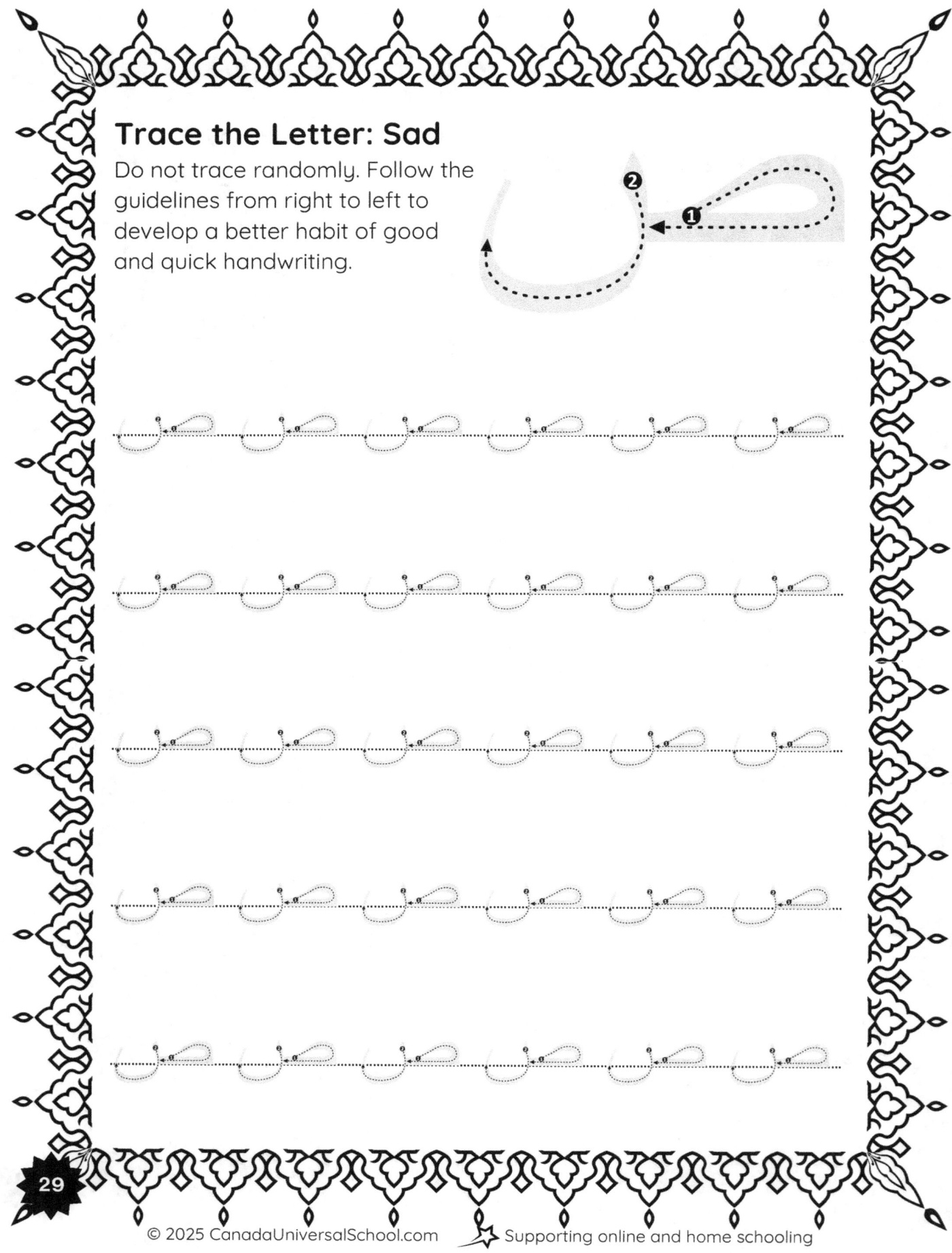

Supporting online and home schooling

Trace the Letter: Dhad

Do not trace randomly. Follow the guidelines from right to left to develop a better habit of good and quick handwriting.

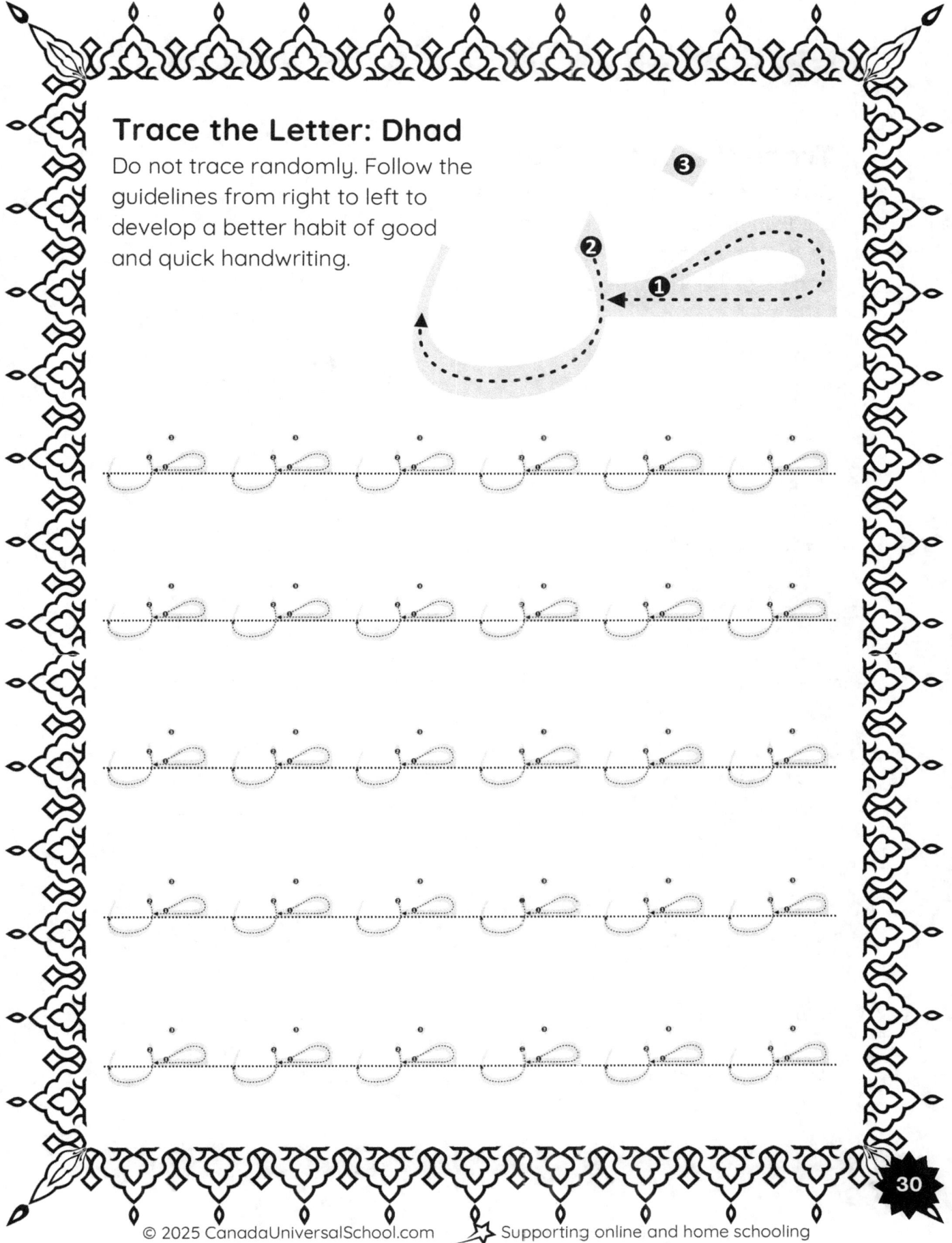

Trace the Letter: Taa

Do not trace randomly. Follow the guidelines from right to left to develop a better habit of good and quick handwriting.

Trace the Letter: Dhaa

Do not trace randomly. Follow the guidelines from right to left to develop a better habit of good and quick handwriting.

Trace the Letter: Ayn

Do not trace randomly. Follow the guidelines from right to left to develop a better habit of good and quick handwriting.

Trace the Letter: Ghayn

Do not trace randomly. Follow the guidelines from right to left to develop a better habit of good and quick handwriting.

Trace the Letter: Fa

Do not trace randomly. Follow the guidelines from right to left to develop a better habit of good and quick handwriting.

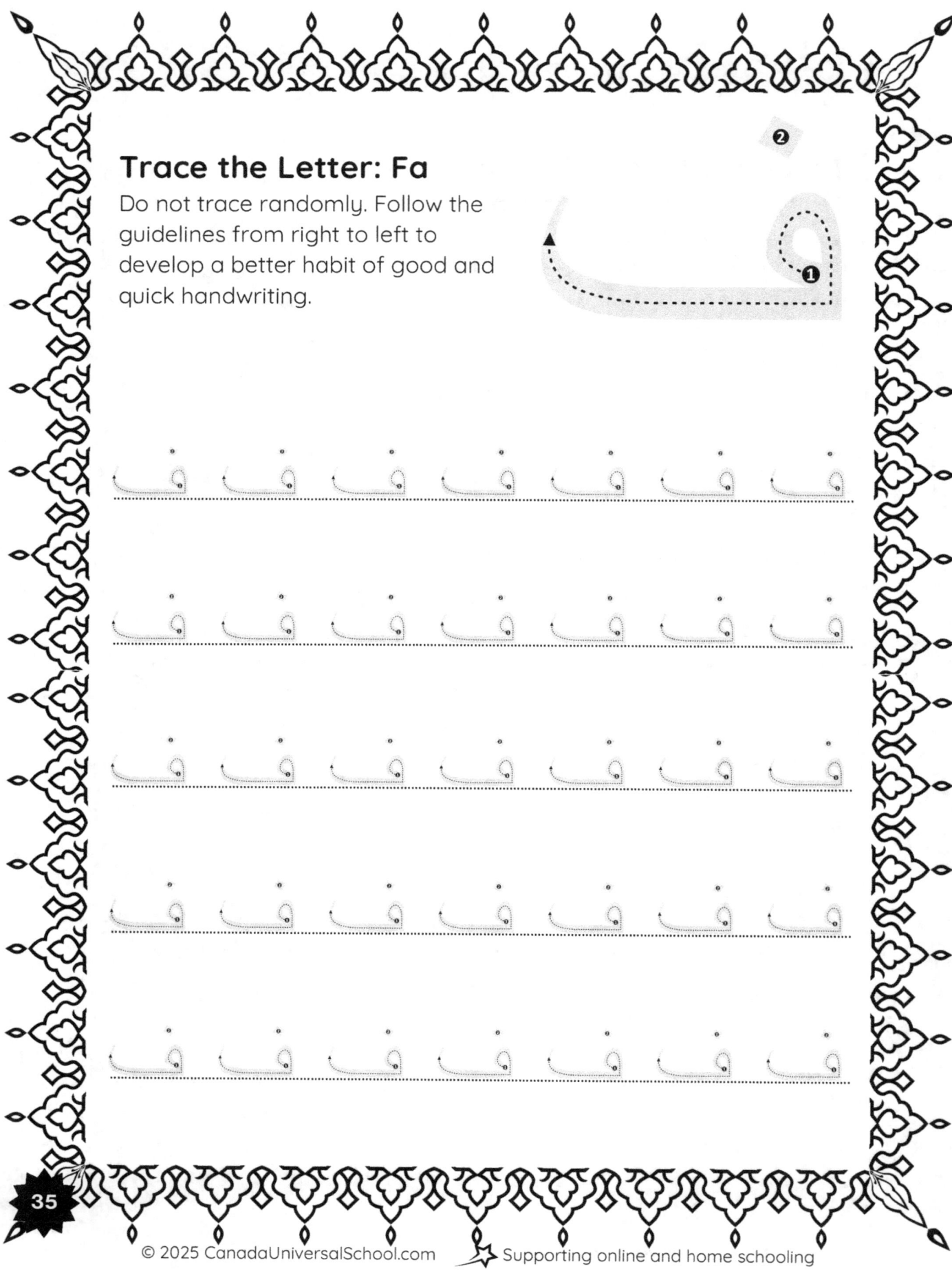

Trace the Letter: Qaf

Do not trace randomly. Follow the guidelines from right to left to develop a better habit of good and quick handwriting.

Trace the Letter: Kaf

Do not trace randomly. Follow the guidelines from right to left to develop a better habit of good and quick handwriting.

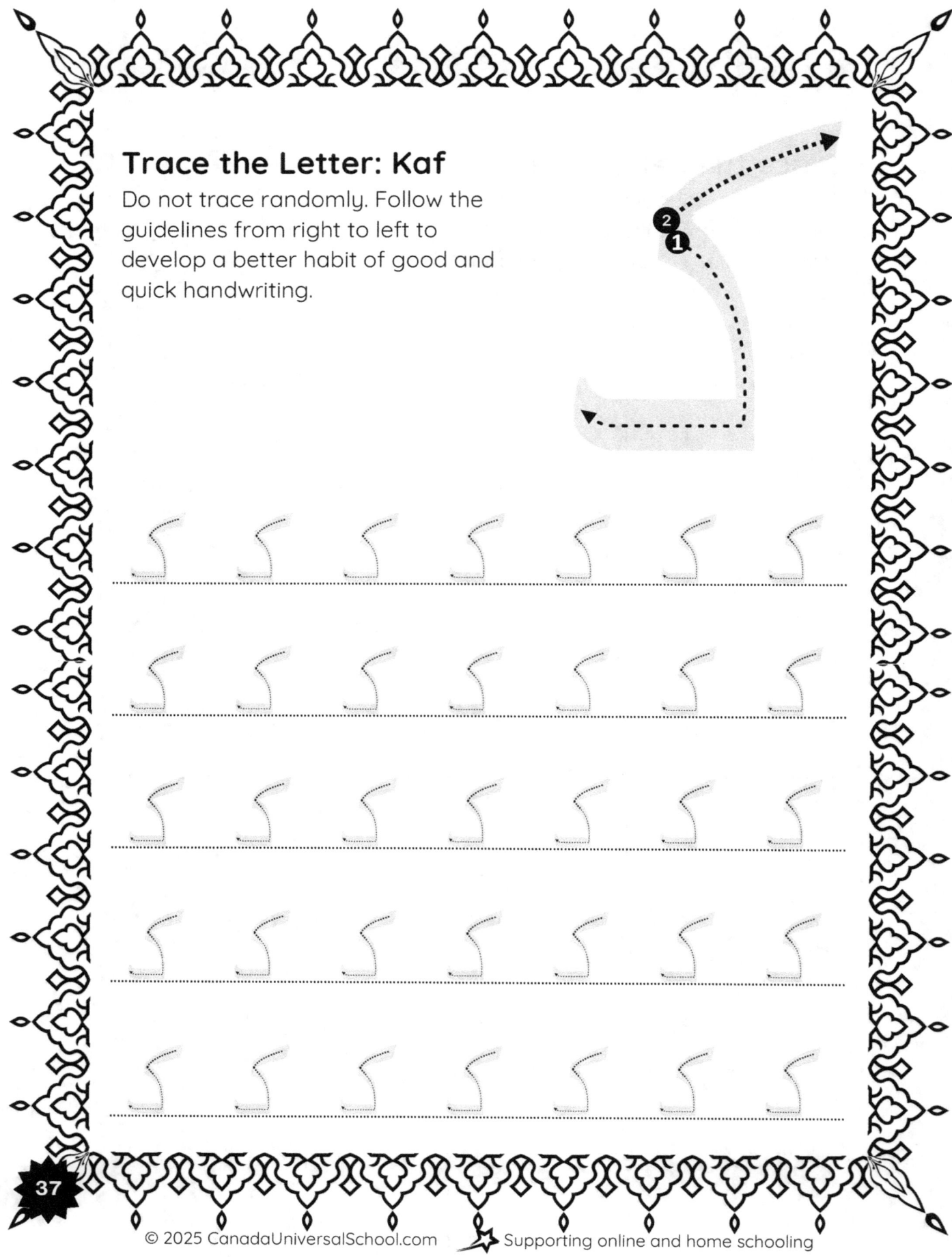

Supporting online and home schooling

Trace the Letter: Kaf

(a variant)

Do not trace randomly. Follow the guidelines from right to left to develop a better habit of good and quick handwriting.

Trace the Letter: Lam

Do not trace randomly. Follow the guidelines from right to left to develop a better habit of good and quick handwriting.

Trace the Letter: Meem

Do not trace randomly. Follow the guidelines from right to left to develop a better habit of good and quick handwriting.

Trace the Letter: Noon

Do not trace randomly. Follow the guidelines from right to left to develop a better habit of good and quick handwriting.

Supporting online and home schooling

Trace the Letter: Ha

Do not trace randomly. Follow the guidelines from right to left to develop a better habit of good and quick handwriting.

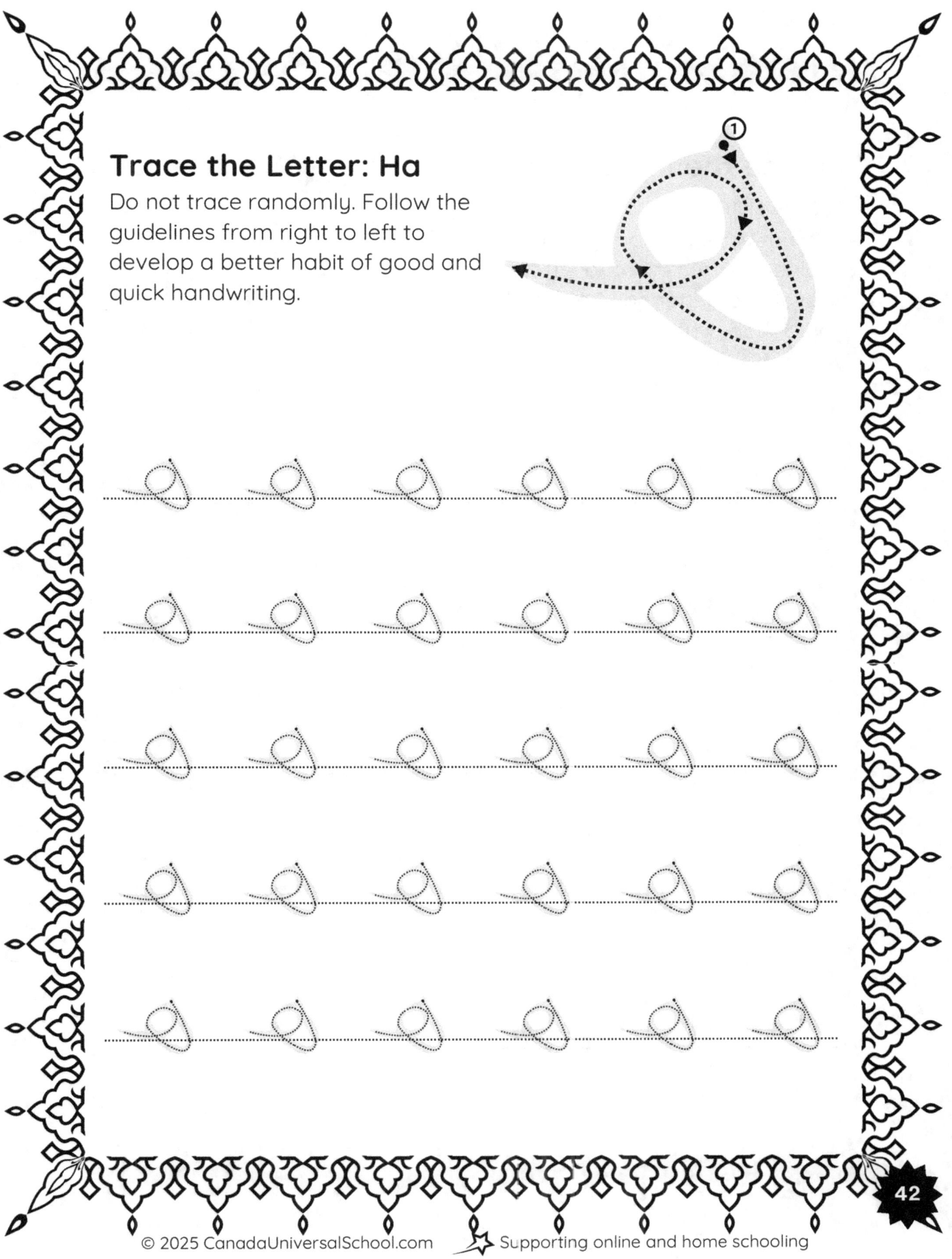

Trace the Letter: Ha

(a variant)

Do not trace randomly. Follow the guidelines from right to left to develop a better habit of good and quick handwriting.

Trace the Letter: Ha

(a variant)

Do not trace randomly. Follow the guidelines from right to left to develop a better habit of good and quick handwriting.

Trace the Letter: Waw

Do not trace randomly. Follow the guidelines from right to left to develop a better habit of good and quick handwriting.

Trace the Letter: Ya

Do not trace randomly. Follow the guidelines from right to left to develop a better habit of good and quick handwriting.

Trace the Letter: Ya

(a variant)

Do not trace randomly. Follow the guidelines from right to left to develop a better habit of good and quick handwriting.

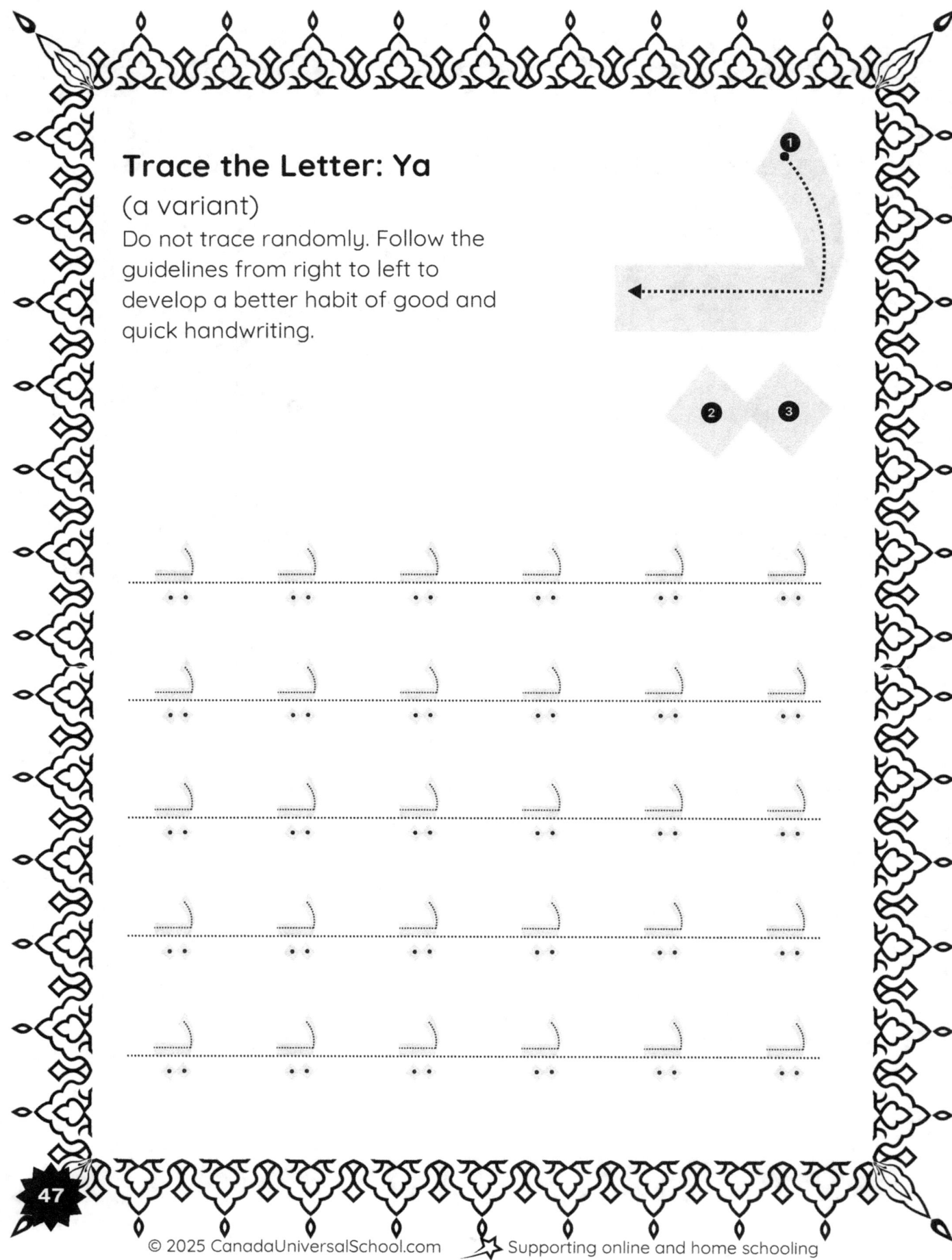

The 6 Arabic Short Vowels

In Arabic, the vowel sounds are not represented by separate letters as in some other languages. Instead, Arabic uses diacritical marks (known as harakat or shakal) to indicate short vowel sounds. There are **six (6) short vowels** and **three (3) long vowels** in Arabic along with other few **additional marks**.

The six (6) **short vowels** are the following:

- **Fatha (فَتْحَة):** Pronounced as a short "a" sound. Written as a small diagonal line above a letter.

- **Damma (ضَمَّة):** Pronounced as a short "u" sound. Written as a small "u"-shaped mark above a letter.

- **Kasra (كَسْرَة):** Pronounced as a short "i" sound. Written as a small diagonal line below a letter.

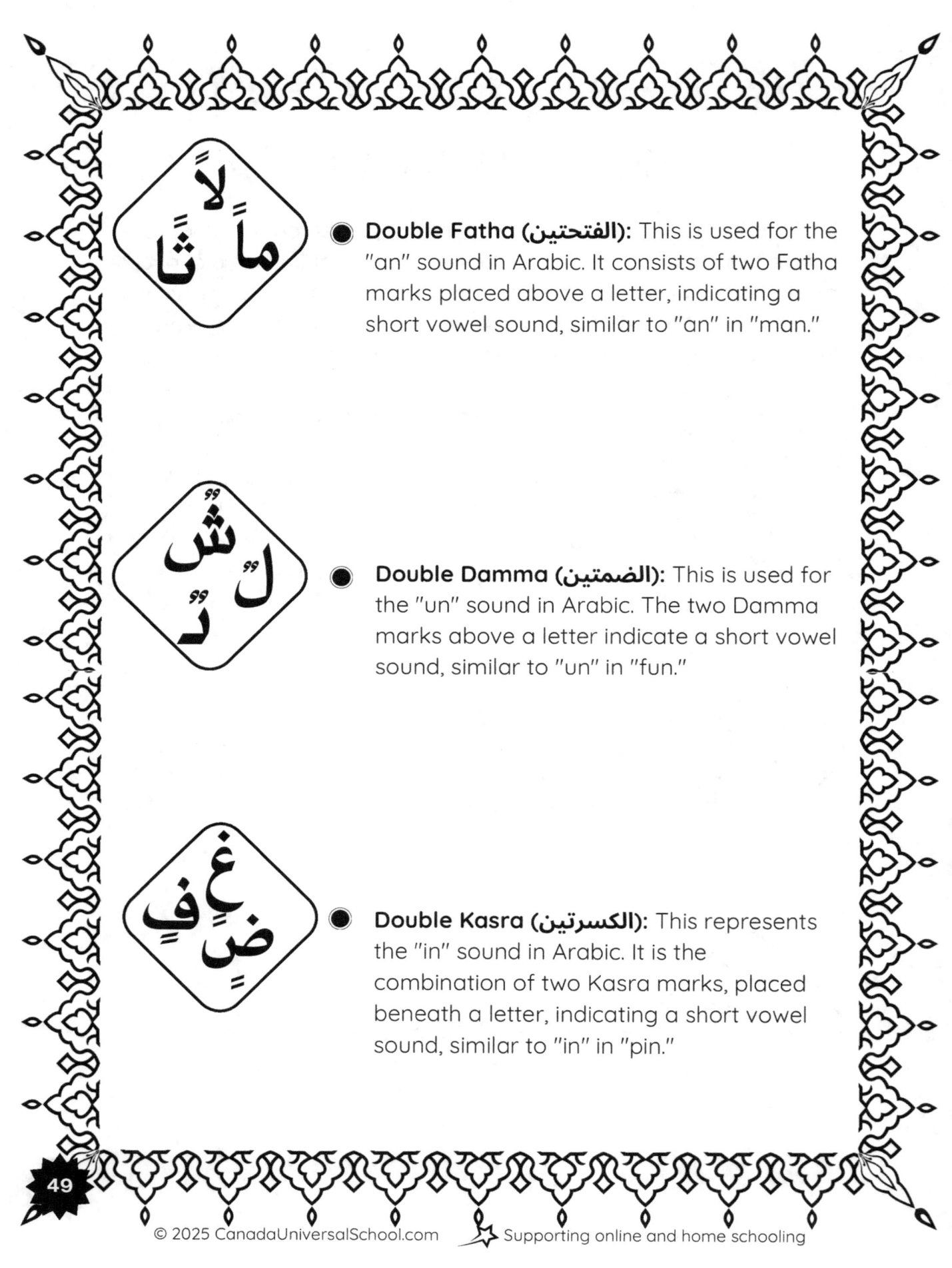

Double Fatha (الفتحتين): This is used for the "an" sound in Arabic. It consists of two Fatha marks placed above a letter, indicating a short vowel sound, similar to "an" in "man."

Double Damma (الضمتين): This is used for the "un" sound in Arabic. The two Damma marks above a letter indicate a short vowel sound, similar to "un" in "fun."

Double Kasra (الكسرتين): This represents the "in" sound in Arabic. It is the combination of two Kasra marks, placed beneath a letter, indicating a short vowel sound, similar to "in" in "pin."

Supporting online and home schooling

The 3 Arabic Long Vowels

Long vowels in Arabic are represented by three letters: **Alif**, **Waw**, and **Ya**. They can be seen as **extended versions of the short vowels**. Unlike short vowels, which are written above or below the letters, long vowels are integral parts of the word and are written as letters themselves. These long vowels are crucial for correct pronunciation and meaning, as they differentiate words that might otherwise be spelled similarly.

قَا فَا سَا

- **Alif (ا):** Represents a long "aa" sound, similar to the "a" in the English word "father." It is used to elongate the sound of the vowel, making it distinct from the short "a" sound. In Arabic,

بُو مُو ثُو

- **Waw (و):** Represents a long "oo" sound, similar to the "oo" in the English word "boot." It is used to elongate the vowel sound, giving it more duration compared to the short vowel

بِي نِي ضِي

- **Ya (ي):** Represents a long "ee" sound, similar to the "ee" in the English word "see." It elongates the vowel sound, differentiating it from the short "i" sound.

The 3 Additional Marks

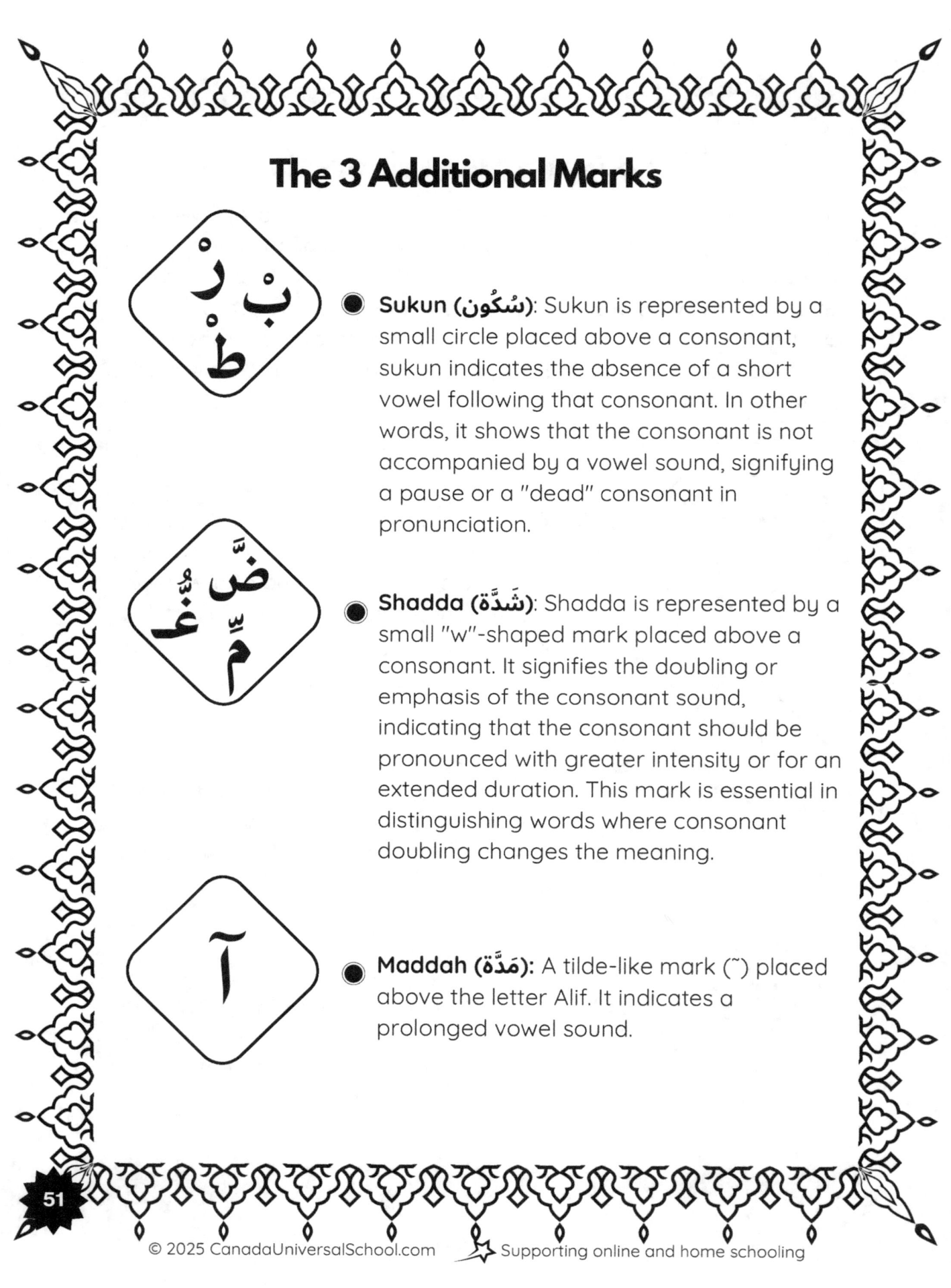

● **Sukun (سُكُون):** Sukun is represented by a small circle placed above a consonant, sukun indicates the absence of a short vowel following that consonant. In other words, it shows that the consonant is not accompanied by a vowel sound, signifying a pause or a "dead" consonant in pronunciation.

● **Shadda (شَدَّة):** Shadda is represented by a small "w"-shaped mark placed above a consonant. It signifies the doubling or emphasis of the consonant sound, indicating that the consonant should be pronounced with greater intensity or for an extended duration. This mark is essential in distinguishing words where consonant doubling changes the meaning.

● **Maddah (مَدَّة):** A tilde-like mark (~) placed above the letter Alif. It indicates a prolonged vowel sound.

What is Shakal ?

Shakal (شَكْل) in Arabic refers to the system of diacritical marks (the vowels and the additional marks) used to indicate the correct pronunciation of Arabic words. The key elements of Shakal include: **Fatha** (فَتْحَة), **Damma** (ضَمَّة), **Kasra** (كَسْرَة), **Sukun** (سُكُون), **Shadda** (شَدَّة), **Maddah** (مَدَّة) and **Tanween** (تَنْوِين) (double fatha, double kasra and double damma)

The Purpose of Shakal:

- **Clarifies pronunciation**: In Arabic, many words can be spelled the same but have different meanings based on pronunciation. Shakal helps differentiate between these words.

- **Ensures proper recitation:** This is especially important in the context of the Quran and classical Arabic texts, where pronunciation and meaning are closely linked.

- **Aids learners:** For non-native speakers or beginners, Shakal provides the necessary guidance to pronounce words correctly.

While Shakal marks are commonly used in Quranic texts and beginner language materials for clarity, **at an advanced level, you no longer need Shakal** to write, read, or understand Arabic texts. For this reason, Shakal is omitted in everyday written Arabic (such as newspapers, books, or websites.

52

Do not trace aimlessly. Follow the guidelines to develop a habit of neat and quick handwriting.

For example, with the letter 'Ba':

1. Start by tracing the main part of the letter.

2. Add the dot beneath it.

3. Finally, include the appropriate diacritical marks (Shakal) above or below, depending on the case

Supporting online and home schooling

Part 2

Notice

The font used in writing the following Quranic texts with **Shakal** is beautiful, suitable, and helps improve handwriting. However, there is a minor inconvenience regarding the use of **Shadda**, as in the case where a **Fatha**, **Damma**, or **Tanween** is combined with a **Shadda**, both marks become mixed. You can trace the mixed marks as a **Shadda** and add the proper mark above it, as shown in the following examples.

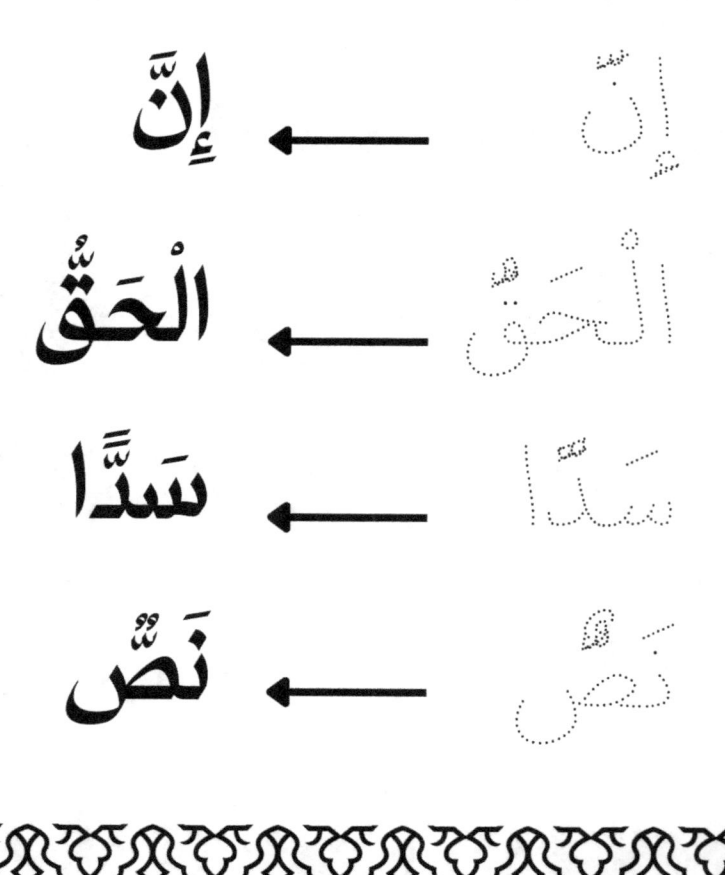

إِنَّ ← اِنَّ

الْحَقُّ ← الْحَقُّ

سَدًّا ← سَدًّا

نَصٌّ ← نَصٌّ

Numerals Used

You will encounter Eastern Arabic or Arabic-Indic numerals in this activity book. Below are the corresponding Western numerals.

Arabic-Indic Numerals	Arabic Numerals (Western)
٠	0
١	1
٢	2
٣	3
٤	4
٥	5
٦	6
٧	7
٨	8
٩	9

Let's Trace

For better learning outcomes, we recommend the following:

● Start with **Block 1** workbooks if you are a beginner.

● Avoid tracing randomly. **Follow the guidelines** provided in the Warm-up section and Block 1 workbooks to develop good handwriting habits, ensuring both speed and accuracy.

● **Pronounce** the words aloud while tracing. You may find it helpful to use an online resource to assist with pronunciation.

٨٠٠ سُورَةُ الْأَنْفَالِ

بِسْمِ اللَّهِ الرَّحْمَٰنِ الرَّحِيمِ

يَسْأَلُونَكَ عَنِ الْأَنْفَالِ قُلِ الْأَنْفَالُ

لِلَّهِ وَالرَّسُولِ فَاتَّقُوا اللَّهَ وَأَصْلِحُوا

ذَاتَ بَيْنِكُمْ وَأَطِيعُوا اللَّهَ وَرَسُولَهُ

إِن كُنتُم مُّؤْمِنِينَ (١) إِنَّمَا

الْمُؤْمِنُونَ الَّذِينَ إِذَا ذُكِرَ اللَّهُ

وَجِلَتْ قُلُوبُهُمْ وَإِذَا تُلِيَتْ عَلَيْهِمْ

آيَاتُهُ زَادَتْهُمْ إِيمَانًا

وَعَلَىٰ رَبِّهِمْ يَتَوَكَّلُونَ ﴿٢﴾ الَّذِينَ

يُقِيمُونَ الصَّلَاةَ وَمِمَّا رَزَقْنَاهُمْ

يُنفِقُونَ ﴿٣﴾ أُولَٰئِكَ هُمُ الْمُؤْمِنُونَ

حَقًّا ۚ لَهُمْ دَرَجَاتٌ عِندَ رَبِّهِمْ

وَمَغْفِرَةٌ وَرِزْقٌ كَرِيمٌ ﴿٤﴾ كَمَا

أَخْرَجَكَ رَبُّكَ مِن بَيْتِكَ بِالْحَقِّ

وَإِنَّ فَرِيقًا مِّنَ الْمُؤْمِنِينَ لَكَارِهُونَ

﴿٥﴾ يُجَادِلُونَكَ فِي الْحَقِّ بَعْدَمَا

تَبَيَّنَ كَأَنَّمَا يُسَاقُونَ إِلَى الْمَوْتِ

وَهُمْ يَنظُرُونَ ﴿٦﴾ وَإِذْ يَعِدُكُمُ اللَّهُ

إِحْدَى الطَّائِفَتَيْنِ أَنَّهَا لَكُمْ وَتَوَدُّونَ

أَنَّ غَيْرَ ذَاتِ الشَّوْكَةِ تَكُونُ لَكُمْ

وَيُرِيدُ اللَّهُ أَن يُحِقَّ الْحَقَّ بِكَلِمَاتِهِ

وَيَقْطَعَ دَابِرَ الْكَافِرِينَ ﴿٧﴾ لِيُحِقَّ

الْحَقَّ وَيُبْطِلَ الْبَاطِلَ وَلَوْ كَرِهَ

الْمُجْرِمُونَ ﴿٨﴾ إِذْ تَسْتَغِيثُونَ

رَبَّكُمْ فَاسْتَجَابَ لَكُمْ أَنِّي مُمِدُّكُم

بِأَلْفٍ مِّنَ الْمَلَائِكَةِ مُرْدِفِينَ ﴿٩﴾

وَمَا جَعَلَهُ اللَّهُ إِلَّا بُشْرَى وَلِتَطْمَئِنَّ بِهِ قُلُوبُكُمْ وَمَا النَّصْرُ إِلَّا مِنْ عِنْدِ اللَّهِ إِنَّ اللَّهَ عَزِيزٌ حَكِيمٌ (١٠) إِذْ يُغَشِّيكُمُ النُّعَاسَ أَمَنَةً مِنْهُ وَيُنَزِّلُ عَلَيْكُمْ مِنَ السَّمَاءِ مَاءً لِيُطَهِّرَكُمْ بِهِ وَيُذْهِبَ عَنْكُمْ رِجْزَ الشَّيْطَانِ وَلِيَرْبِطَ عَلَى قُلُوبِكُمْ وَيُثَبِّتَ بِهِ الْأَقْدَامَ (١١) إِذْ يُوحِي رَبُّكَ إِلَى الْمَلَائِكَةِ

أَنِّي مَعَكُمْ فَثَبِّتُوا الَّذِينَ آمَنُوا
سَأُلْقِي فِي قُلُوبِ الَّذِينَ كَفَرُوا
الرُّعْبَ فَاضْرِبُوا فَوْقَ الْأَعْنَاقِ
وَاضْرِبُوا مِنْهُمْ كُلَّ بَنَانٍ (١٢) ذَٰلِكَ
بِأَنَّهُمْ شَاقُّوا اللَّهَ وَرَسُولَهُ وَمَن
يُشَاقِقِ اللَّهَ وَرَسُولَهُ فَإِنَّ اللَّهَ شَدِيدُ
الْعِقَابِ (١٣) ذَٰلِكُمْ فَذُوقُوهُ وَأَنَّ
لِلْكَافِرِينَ عَذَابَ النَّارِ (١٤)

يَا أَيُّهَا الَّذِينَ آمَنُوا إِذَا لَقِيتُمُ الَّذِينَ

كَفَرُوا زَحْفًا فَلَا تُوَلُّوهُمُ الْأَدْبَارَ

(١٥) وَمَنْ يُوَلِّهِمْ يَوْمَئِذٍ دُبُرَهُ إِلَّا

مُتَحَرِّفًا لِقِتَالٍ أَوْ مُتَحَيِّزًا إِلَى فِئَةٍ

فَقَدْ بَاءَ بِغَضَبٍ مِنَ اللَّهِ وَمَأْوَاهُ

جَهَنَّمُ وَبِئْسَ الْمَصِيرُ (١٦) فَلَمْ

تَقْتُلُوهُمْ وَلَكِنَّ اللَّهَ قَتَلَهُمْ وَمَا

رَمَيْتَ إِذْ رَمَيْتَ وَلَكِنَّ اللَّهَ رَمَى

وَلِيُبْلِيَ الْمُؤْمِنِينَ مِنْهُ بَلَاءً حَسَنًا إِنَّ اللَّهَ سَمِيعٌ عَلِيمٌ (١٧) ذَلِكُمْ وَأَنَّ اللَّهَ مُوهِنُ كَيْدِ الْكَافِرِينَ (١٨) إِنْ تَسْتَفْتِحُوا فَقَدْ جَاءَكُمُ الْفَتْحُ وَإِنْ تَنْتَهُوا فَهُوَ خَيْرٌ لَكُمْ وَإِنْ تَعُودُوا نَعُدْ وَلَنْ تُغْنِيَ عَنْكُمْ فِئَتُكُمْ شَيْئًا وَلَوْ كَثُرَتْ وَأَنَّ اللَّهَ مَعَ الْمُؤْمِنِينَ (١٩) يَا أَيُّهَا الَّذِينَ آمَنُوا أَطِيعُوا اللَّهَ وَرَسُولَهُ

وَلَا تَوَلَّوْا عَنْهُ وَأَنْتُمْ تَسْمَعُونَ (٢٠) وَلَا تَكُونُوا كَالَّذِينَ قَالُوا سَمِعْنَا وَهُمْ لَا يَسْمَعُونَ (٢١) إِنَّ شَرَّ الدَّوَابِّ عِنْدَ اللَّهِ الصُّمُّ الْبُكْمُ الَّذِينَ لَا يَعْقِلُونَ (٢٢) وَلَوْ عَلِمَ اللَّهُ فِيهِمْ خَيْرًا لَأَسْمَعَهُمْ وَلَوْ أَسْمَعَهُمْ لَتَوَلَّوْا وَهُمْ مُعْرِضُونَ (٢٣) يَا أَيُّهَا الَّذِينَ آمَنُوا اسْتَجِيبُوا لِلَّهِ وَلِلرَّسُولِ

إِذَا دَعَاكُمْ لِمَا يُحْيِيكُمْ وَاعْلَمُوا

أَنَّ اللَّهَ يَحُولُ بَيْنَ الْمَرْءِ وَقَلْبِهِ

وَأَنَّهُ إِلَيْهِ تُحْشَرُونَ (٢٤) وَاتَّقُوا

فِتْنَةً لَا تُصِيبَنَّ الَّذِينَ ظَلَمُوا مِنكُمْ

خَاصَّةً وَاعْلَمُوا أَنَّ اللَّهَ شَدِيدُ

الْعِقَابِ (٢٥) وَاذْكُرُوا إِذْ أَنتُمْ

قَلِيلٌ مُسْتَضْعَفُونَ فِي الْأَرْضِ

تَخَافُونَ أَن يَتَخَطَّفَكُمُ النَّاسُ

فَآوَاكُمْ وَأَيَّدَكُم بِنَصْرِهِ

وَرَزَقَكُمْ مِنَ الطَّيِّبَاتِ لَعَلَّكُمْ

تَشْكُرُونَ (٢٦) يَا أَيُّهَا الَّذِينَ آمَنُوا

لَا تَخُونُوا اللَّهَ وَالرَّسُولَ وَتَخُونُوا

أَمَانَاتِكُمْ وَأَنْتُمْ تَعْلَمُونَ (٢٧)

وَاعْلَمُوا أَنَّمَا أَمْوَالُكُمْ وَأَوْلَادُكُمْ

فِتْنَةٌ وَأَنَّ اللَّهَ عِنْدَهُ أَجْرٌ عَظِيمٌ

(٢٨) يَا أَيُّهَا الَّذِينَ آمَنُوا إِنْ تَتَّقُوا

اللَّهَ يَجْعَلْ لَكُمْ فُرْقَانًا وَيُكَفِّرْ

عَنْكُمْ سَيِّئَاتِكُمْ وَيَغْفِرْ لَكُمْ

وَاللَّهُ ذُو الْفَضْلِ الْعَظِيمِ (٢٩) وَإِذْ يَمْكُرُ بِكَ الَّذِينَ كَفَرُوا لِيُثْبِتُوكَ أَوْ يَقْتُلُوكَ أَوْ يُخْرِجُوكَ وَيَمْكُرُونَ وَيَمْكُرُ اللَّهُ وَاللَّهُ خَيْرُ الْمَاكِرِينَ (٣٠) وَإِذَا تُتْلَى عَلَيْهِمْ آيَاتُنَا قَالُوا قَدْ سَمِعْنَا لَوْ نَشَاءُ لَقُلْنَا مِثْلَ هَٰذَا إِنْ هَٰذَا إِلَّا أَسَاطِيرُ الْأَوَّلِينَ (٣١) وَإِذْ قَالُوا اللَّهُمَّ إِنْ كَانَ هَٰذَا هُوَ الْحَقَّ مِنْ عِنْدِكَ

فَأَمْطِرْ عَلَيْنَا حِجَارَةً مِنَ السَّمَاءِ أَوِ ائْتِنَا بِعَذَابٍ أَلِيمٍ (٣٢) وَمَا كَانَ اللَّهُ لِيُعَذِّبَهُمْ وَأَنْتَ فِيهِمْ وَمَا كَانَ اللَّهُ مُعَذِّبَهُمْ وَهُمْ يَسْتَغْفِرُونَ (٣٣) وَمَا لَهُمْ أَلَّا يُعَذِّبَهُمُ اللَّهُ وَهُمْ يَصُدُّونَ عَنِ الْمَسْجِدِ الْحَرَامِ وَمَا كَانُوا أَوْلِيَاءَهُ إِنْ أَوْلِيَاؤُهُ إِلَّا الْمُتَّقُونَ وَلَكِنَّ أَكْثَرَهُمْ لَا يَعْلَمُونَ (٣٤)

وَمَا كَانَ صَلَاتُهُمْ عِنْدَ الْبَيْتِ إِلَّا مُكَاءً وَتَصْدِيَةً فَذُوقُوا الْعَذَابَ بِمَا كُنْتُمْ تَكْفُرُونَ (٣٥) إِنَّ الَّذِينَ كَفَرُوا يُنْفِقُونَ أَمْوَالَهُمْ لِيَصُدُّوا عَنْ سَبِيلِ اللَّهِ فَسَيُنْفِقُونَهَا ثُمَّ تَكُونُ عَلَيْهِمْ حَسْرَةً ثُمَّ يُغْلَبُونَ وَالَّذِينَ كَفَرُوا إِلَى جَهَنَّمَ يُحْشَرُونَ (٣٦) لِيَمِيزَ اللَّهُ الْخَبِيثَ مِنَ الطَّيِّبِ

وَيَجْعَلَ الْخَبِيثَ بَعْضَهُ عَلَىٰ بَعْضٍ
فَيَرْكُمَهُ جَمِيعًا فَيَجْعَلَهُ فِي جَهَنَّمَ
أُولَٰئِكَ هُمُ الْخَاسِرُونَ (٣٧) قُل
لِّلَّذِينَ كَفَرُوا إِن يَنتَهُوا يُغْفَرْ لَهُم
مَّا قَدْ سَلَفَ وَإِن يَعُودُوا فَقَدْ
مَضَتْ سُنَّتُ الْأَوَّلِينَ (٣٨)
وَقَاتِلُوهُمْ حَتَّىٰ لَا تَكُونَ فِتْنَةٌ
وَيَكُونَ الدِّينُ كُلُّهُ لِلَّهِ فَإِنِ انتَهَوْا
فَإِنَّ اللَّهَ بِمَا يَعْمَلُونَ بَصِيرٌ (٣٩)

وَإِنْ تَوَلَّوْا فَاعْلَمُوا أَنَّ اللَّهَ مَوْلَاكُمْ ۚ نِعْمَ الْمَوْلَىٰ وَنِعْمَ النَّصِيرُ (٤٠) وَاعْلَمُوا أَنَّمَا غَنِمْتُم مِّن شَيْءٍ فَأَنَّ لِلَّهِ خُمُسَهُ وَلِلرَّسُولِ وَلِذِي الْقُرْبَىٰ وَالْيَتَامَىٰ وَالْمَسَاكِينِ وَابْنِ السَّبِيلِ إِن كُنتُمْ آمَنتُم بِاللَّهِ وَمَا أَنزَلْنَا عَلَىٰ عَبْدِنَا يَوْمَ الْفُرْقَانِ يَوْمَ الْتَقَى الْجَمْعَانِ ۗ وَاللَّهُ عَلَىٰ كُلِّ شَيْءٍ قَدِيرٌ (٤١)

إِذْ أَنْتُمْ بِالْعُدْوَةِ الدُّنْيَا وَهُمْ بِالْعُدْوَةِ

الْقُصْوَى وَالرَّكْبُ أَسْفَلَ مِنْكُمْ وَلَوْ

تَوَاعَدْتُمْ لَاخْتَلَفْتُمْ فِي الْمِيعَادِ

وَلَكِنْ لِيَقْضِيَ اللَّهُ أَمْرًا كَانَ

مَفْعُولًا لِيَهْلِكَ مَنْ هَلَكَ عَنْ بَيِّنَةٍ

وَيَحْيَى مَنْ حَيَّ عَنْ بَيِّنَةٍ وَإِنَّ اللَّهَ

لَسَمِيعٌ عَلِيمٌ (٤٢) إِذْ يُرِيكَهُمُ اللَّهُ

فِي مَنَامِكَ قَلِيلًا وَلَوْ أَرَاكَهُمْ كَثِيرًا

لَفَشِلْتُمْ

وَلَتَنَازَعْتُمْ فِي الْأَمْرِ وَلَٰكِنَّ اللَّهَ

سَلَّمَ إِنَّهُ عَلِيمٌ بِذَاتِ الصُّدُورِ

(٤٣) وَإِذْ يُرِيكُمُوهُمْ إِذِ الْتَقَيْتُمْ

فِي أَعْيُنِكُمْ قَلِيلًا وَيُقَلِّلُكُمْ فِي

أَعْيُنِهِمْ لِيَقْضِيَ اللَّهُ أَمْرًا كَانَ

مَفْعُولًا وَإِلَى اللَّهِ تُرْجَعُ الْأُمُورُ

(٤٤) يَا أَيُّهَا الَّذِينَ آمَنُوا إِذَا لَقِيتُمْ

فِئَةً فَاثْبُتُوا وَاذْكُرُوا اللَّهَ كَثِيرًا

لَعَلَّكُمْ تُفْلِحُونَ (٤٥)

وَأَطِيعُوا اللَّهَ وَرَسُولَهُ وَلَا تَنَازَعُوا

فَتَفْشَلُوا وَتَذْهَبَ رِيحُكُمْ وَاصْبِرُوا

إِنَّ اللَّهَ مَعَ الصَّابِرِينَ (٤٦) وَلَا

تَكُونُوا كَالَّذِينَ خَرَجُوا مِنْ دِيَارِهِمْ

بَطَرًا وَرِئَاءَ النَّاسِ وَيَصُدُّونَ عَنْ

سَبِيلِ اللَّهِ وَاللَّهُ بِمَا يَعْمَلُونَ

مُحِيطٌ (٤٧) وَإِذْ زَيَّنَ لَهُمُ

الشَّيْطَانُ أَعْمَالَهُمْ وَقَالَ لَا غَالِبَ

لَكُمُ الْيَوْمَ مِنَ النَّاسِ

وَإِنِّي جَارٌ لَّكُمْ فَلَمَّا تَرَاءَتِ الْفِئَتَانِ نَكَصَ عَلَىٰ عَقِبَيْهِ وَقَالَ إِنِّي بَرِيءٌ مِّنكُمْ إِنِّي أَرَىٰ مَا لَا تَرَوْنَ إِنِّي أَخَافُ اللَّهَ ۚ وَاللَّهُ شَدِيدُ الْعِقَابِ ﴿٤٨﴾ إِذْ يَقُولُ الْمُنَافِقُونَ وَالَّذِينَ فِي قُلُوبِهِم مَّرَضٌ غَرَّ هَٰؤُلَاءِ دِينُهُمْ ۗ وَمَن يَتَوَكَّلْ عَلَى اللَّهِ فَإِنَّ اللَّهَ عَزِيزٌ حَكِيمٌ ﴿٤٩﴾

وَلَوْ تَرَىٰ إِذْ يَتَوَفَّى الَّذِينَ كَفَرُوا الْمَلَائِكَةُ يَضْرِبُونَ وُجُوهَهُمْ وَأَدْبَارَهُمْ وَذُوقُوا عَذَابَ الْحَرِيقِ ﴿٥٠﴾ ذَٰلِكَ بِمَا قَدَّمَتْ أَيْدِيكُمْ وَأَنَّ اللَّهَ لَيْسَ بِظَلَّامٍ لِّلْعَبِيدِ ﴿٥١﴾ كَدَأْبِ آلِ فِرْعَوْنَ وَالَّذِينَ مِن قَبْلِهِمْ كَفَرُوا بِآيَاتِ اللَّهِ فَأَخَذَهُمُ اللَّهُ بِذُنُوبِهِمْ إِنَّ اللَّهَ قَوِيٌّ شَدِيدُ الْعِقَابِ ﴿٥٢﴾

ذَٰلِكَ بِأَنَّ اللَّهَ لَمْ يَكُ مُغَيِّرًا نِّعْمَةً

أَنْعَمَهَا عَلَىٰ قَوْمٍ حَتَّىٰ يُغَيِّرُوا مَا

بِأَنفُسِهِمْ وَأَنَّ اللَّهَ سَمِيعٌ عَلِيمٌ

(٥٣) كَدَأْبِ آلِ فِرْعَوْنَ وَالَّذِينَ

مِن قَبْلِهِمْ كَذَّبُوا بِآيَاتِ رَبِّهِمْ

فَأَهْلَكْنَاهُم بِذُنُوبِهِمْ وَأَغْرَقْنَا آلَ

فِرْعَوْنَ وَكُلٌّ كَانُوا ظَالِمِينَ (٥٤)

إِنَّ شَرَّ الدَّوَابِّ عِندَ اللَّهِ الَّذِينَ

كَفَرُوا فَهُمْ لَا يُؤْمِنُونَ (٥٥)

الَّذِينَ عَاهَدْتَ مِنْهُمْ ثُمَّ يَنْقُضُونَ

عَهْدَهُمْ فِي كُلِّ مَرَّةٍ وَهُمْ لَا يَتَّقُونَ

(٥٦) فَإِمَّا تَثْقَفَنَّهُمْ فِي الْحَرْبِ

فَشَرِّدْ بِهِمْ مَنْ خَلْفَهُمْ لَعَلَّهُمْ

يَذَّكَّرُونَ (٥٧) وَإِمَّا تَخَافَنَّ مِنْ

قَوْمٍ خِيَانَةً فَانْبِذْ إِلَيْهِمْ عَلَى سَوَاءٍ

إِنَّ اللَّهَ لَا يُحِبُّ الْخَائِنِينَ (٥٨)

وَلَا يَحْسَبَنَّ الَّذِينَ كَفَرُوا سَبَقُوا

إِنَّهُمْ لَا يُعْجِزُونَ (٥٩)

وَأَعِدُّوا لَهُم مَّا اسْتَطَعْتُم مِّن قُوَّةٍ

وَمِن رِّبَاطِ الْخَيْلِ تُرْهِبُونَ بِهِ عَدُوَّ

اللَّهِ وَعَدُوَّكُمْ وَآخَرِينَ مِن دُونِهِمْ

لَا تَعْلَمُونَهُمُ اللَّهُ يَعْلَمُهُمْ وَمَا

تُنفِقُوا مِن شَيْءٍ فِي سَبِيلِ اللَّهِ

يُوَفَّ إِلَيْكُمْ وَأَنتُمْ لَا تُظْلَمُونَ ﴿٦٠﴾

وَإِن جَنَحُوا لِلسَّلْمِ فَاجْنَحْ لَهَا

وَتَوَكَّلْ عَلَى اللَّهِ إِنَّهُ هُوَ السَّمِيعُ

الْعَلِيمُ ﴿٦١﴾

وَإِن يُرِيدُوٓا أَن يَخْدَعُوكَ فَإِنَّ حَسْبَكَ ٱللَّهُ هُوَ ٱلَّذِىٓ أَيَّدَكَ بِنَصْرِهِۦ وَبِٱلْمُؤْمِنِينَ ﴿٦٢﴾ وَأَلَّفَ بَيْنَ قُلُوبِهِمْ لَوْ أَنفَقْتَ مَا فِى ٱلْأَرْضِ جَمِيعًا مَّآ أَلَّفْتَ بَيْنَ قُلُوبِهِمْ وَلَٰكِنَّ ٱللَّهَ أَلَّفَ بَيْنَهُمْ إِنَّهُۥ عَزِيزٌ حَكِيمٌ ﴿٦٣﴾ يَٰٓأَيُّهَا ٱلنَّبِىُّ حَسْبُكَ ٱللَّهُ وَمَنِ ٱتَّبَعَكَ مِنَ ٱلْمُؤْمِنِينَ ﴿٦٤﴾

يَا أَيُّهَا النَّبِيُّ حَرِّضِ الْمُؤْمِنِينَ عَلَى

الْقِتَالِ إِن يَكُن مِّنكُمْ عِشْرُونَ

صَابِرُونَ يَغْلِبُوا مِائَتَيْنِ وَإِن يَكُن

مِّنكُم مِّائَةٌ يَغْلِبُوا أَلْفًا مِّنَ الَّذِينَ

كَفَرُوا بِأَنَّهُمْ قَوْمٌ لَّا يَفْقَهُونَ (٦٥)

الْآنَ خَفَّفَ اللَّهُ عَنكُمْ وَعَلِمَ أَنَّ

فِيكُمْ ضَعْفًا فَإِن يَكُن مِّنكُم مِّائَةٌ

صَابِرَةٌ يَغْلِبُوا مِائَتَيْنِ وَإِن يَكُن

مِّنكُمْ أَلْفٌ يَغْلِبُوا أَلْفَيْنِ بِإِذْنِ اللَّهِ

وَاللَّهُ مَعَ الصَّابِرِينَ (٦٦) مَا كَانَ
لِنَبِيٍّ أَن يَكُونَ لَهُ أَسْرَىٰ حَتَّىٰ
يُثْخِنَ فِي الْأَرْضِ تُرِيدُونَ عَرَضَ
الدُّنْيَا وَاللَّهُ يُرِيدُ الْآخِرَةَ وَاللَّهُ
عَزِيزٌ حَكِيمٌ (٦٧) لَّوْلَا كِتَابٌ مِّنَ
اللَّهِ سَبَقَ لَمَسَّكُمْ فِيمَا أَخَذْتُمْ
عَذَابٌ عَظِيمٌ (٦٨) فَكُلُوا مِمَّا
غَنِمْتُمْ حَلَالًا طَيِّبًا وَاتَّقُوا اللَّهَ إِنَّ
اللَّهَ غَفُورٌ رَّحِيمٌ (٦٩)

يَا أَيُّهَا النَّبِيُّ قُل لِّمَن فِي أَيْدِيكُم

مِّنَ الْأَسْرَى إِن يَعْلَمِ اللَّهُ فِي

قُلُوبِكُمْ خَيْرًا يُؤْتِكُمْ خَيْرًا مِّمَّا

أُخِذَ مِنكُمْ وَيَغْفِرْ لَكُمْ وَاللَّهُ غَفُورٌ

رَّحِيمٌ (٧٠) وَإِن يُرِيدُوا خِيَانَتَكَ

فَقَدْ خَانُوا اللَّهَ مِن قَبْلُ فَأَمْكَنَ

مِنْهُمْ وَاللَّهُ عَلِيمٌ حَكِيمٌ (٧١) إِنَّ

الَّذِينَ آمَنُوا وَهَاجَرُوا وَجَاهَدُوا

بِأَمْوَالِهِمْ وَأَنفُسِهِمْ فِي سَبِيلِ اللَّهِ

وَالَّذِينَ آوَوْا وَنَصَرُوا أُولَٰئِكَ
بَعْضُهُمْ أَوْلِيَاءُ بَعْضٍ وَالَّذِينَ آمَنُوا
وَلَمْ يُهَاجِرُوا مَا لَكُمْ مِنْ وَلَايَتِهِمْ
مِنْ شَيْءٍ حَتَّىٰ يُهَاجِرُوا وَإِنِ
اسْتَنْصَرُوكُمْ فِي الدِّينِ فَعَلَيْكُمُ
النَّصْرُ إِلَّا عَلَىٰ قَوْمٍ بَيْنَكُمْ وَبَيْنَهُمْ
مِيثَاقٌ وَاللَّهُ بِمَا تَعْمَلُونَ بَصِيرٌ
(٧٢) وَالَّذِينَ كَفَرُوا بَعْضُهُمْ أَوْلِيَاءُ
بَعْضٍ إِلَّا تَفْعَلُوهُ تَكُنْ فِتْنَةٌ

فِي الْأَرْضِ وَفَسَادٌ كَبِيرٌ ﴿٧٣﴾

وَالَّذِينَ آمَنُوا وَهَاجَرُوا وَجَاهَدُوا فِي

سَبِيلِ اللَّهِ وَالَّذِينَ آوَوا وَنَصَرُوا

أُولَٰئِكَ هُمُ الْمُؤْمِنُونَ حَقًّا لَهُم

مَغْفِرَةٌ وَرِزْقٌ كَرِيمٌ ﴿٧٤﴾ وَالَّذِينَ

آمَنُوا مِن بَعْدُ وَهَاجَرُوا وَجَاهَدُوا

مَعَكُمْ فَأُولَٰئِكَ مِنكُمْ وَأُولُو الْأَرْحَامِ

بَعْضُهُمْ أَوْلَىٰ بِبَعْضٍ فِي كِتَابِ اللَّهِ

إِنَّ اللَّهَ بِكُلِّ شَيْءٍ عَلِيمٌ ﴿٧٥﴾

٠٠٩ سُورَةُ التَّوْبَةِ

بَرَاءَةٌ مِنَ اللَّهِ وَرَسُولِهِ إِلَى الَّذِينَ عَاهَدْتُمْ مِنَ الْمُشْرِكِينَ (١) فَسِيحُوا فِي الْأَرْضِ أَرْبَعَةَ أَشْهُرٍ وَاعْلَمُوا أَنَّكُمْ غَيْرُ مُعْجِزِي اللَّهِ وَأَنَّ اللَّهَ مُخْزِي الْكَافِرِينَ (٢) وَأَذَانٌ مِنَ اللَّهِ وَرَسُولِهِ إِلَى النَّاسِ يَوْمَ الْحَجِّ الْأَكْبَرِ أَنَّ اللَّهَ بَرِيءٌ مِنَ الْمُشْرِكِينَ وَرَسُولُهُ

فَإِن تُبْتُمْ فَهُوَ خَيْرٌ لَّكُمْ وَإِن تَوَلَّيْتُمْ

فَاعْلَمُوا أَنَّكُمْ غَيْرُ مُعْجِزِي اللَّهِ

وَبَشِّرِ الَّذِينَ كَفَرُوا بِعَذَابٍ أَلِيمٍ

(٣) إِلَّا الَّذِينَ عَاهَدتُّم مِّنَ

الْمُشْرِكِينَ ثُمَّ لَمْ يَنقُصُوكُمْ شَيْئًا

وَلَمْ يُظَاهِرُوا عَلَيْكُمْ أَحَدًا فَأَتِمُّوا

إِلَيْهِمْ عَهْدَهُمْ إِلَىٰ مُدَّتِهِمْ ۚ إِنَّ اللَّهَ

يُحِبُّ الْمُتَّقِينَ (٤) فَإِذَا انسَلَخَ

الْأَشْهُرُ الْحُرُمُ

فَاقْتُلُوا الْمُشْرِكِينَ حَيْثُ

وَجَدْتُمُوهُمْ وَخُذُوهُمْ وَاحْصُرُوهُمْ

وَاقْعُدُوا لَهُمْ كُلَّ مَرْصَدٍ فَإِن تَابُوا

وَأَقَامُوا الصَّلَاةَ وَآتَوُا الزَّكَاةَ فَخَلُّوا

سَبِيلَهُمْ إِنَّ اللَّهَ غَفُورٌ رَحِيمٌ ﴿٥﴾

وَإِنْ أَحَدٌ مِنَ الْمُشْرِكِينَ اسْتَجَارَكَ

فَأَجِرْهُ حَتَّى يَسْمَعَ كَلَامَ اللَّهِ ثُمَّ

أَبْلِغْهُ مَأْمَنَهُ ذَٰلِكَ بِأَنَّهُمْ قَوْمٌ لَا

يَعْلَمُونَ ﴿٦﴾

كَيْفَ يَكُونُ لِلْمُشْرِكِينَ عَهْدٌ عِنْدَ

اللَّهِ وَعِنْدَ رَسُولِهِ إِلَّا الَّذِينَ

عَاهَدْتُمْ عِنْدَ الْمَسْجِدِ الْحَرَامِ فَمَا

اسْتَقَامُوا لَكُمْ فَاسْتَقِيمُوا لَهُمْ إِنَّ

اللَّهَ يُحِبُّ الْمُتَّقِينَ (٧) كَيْفَ وَإِنْ

يَظْهَرُوا عَلَيْكُمْ لَا يَرْقُبُوا فِيكُمْ إِلًّا

وَلَا ذِمَّةً يُرْضُونَكُمْ بِأَفْوَاهِهِمْ وَتَأْبَى

قُلُوبُهُمْ وَأَكْثَرُهُمْ فَاسِقُونَ (٨)

اشْتَرَوْا بِآيَاتِ اللَّهِ ثَمَنًا قَلِيلًا

فَصَدُّوا عَن سَبِيلِهِ إِنَّهُمْ سَاءَ مَا

كَانُوا يَعْمَلُونَ (٩) لَا يَرْقُبُونَ فِي

مُؤْمِنٍ إِلًّا وَلَا ذِمَّةً وَأُولَٰئِكَ هُمُ

الْمُعْتَدُونَ (١٠) فَإِن تَابُوا وَأَقَامُوا

الصَّلَاةَ وَآتَوُا الزَّكَاةَ فَإِخْوَانُكُمْ فِي

الدِّينِ وَنُفَصِّلُ الْآيَاتِ لِقَوْمٍ

يَعْلَمُونَ (١١) وَإِن نَّكَثُوا أَيْمَانَهُم

مِّن بَعْدِ عَهْدِهِمْ وَطَعَنُوا فِي دِينِكُمْ

فَقَاتِلُوا أَئِمَّةَ الْكُفْرِ إِنَّهُمْ لَا أَيْمَانَ لَهُمْ لَعَلَّهُمْ يَنتَهُونَ (١٢) أَلَا

تُقَاتِلُونَ قَوْمًا نَّكَثُوا أَيْمَانَهُمْ وَهَمُّوا بِإِخْرَاجِ الرَّسُولِ وَهُم بَدَءُوكُمْ أَوَّلَ مَرَّةٍ أَتَخْشَوْنَهُمْ فَاللَّهُ أَحَقُّ أَن

تَخْشَوْهُ إِن كُنتُم مُّؤْمِنِينَ (١٣) قَاتِلُوهُمْ يُعَذِّبْهُمُ اللَّهُ بِأَيْدِيكُمْ وَيُخْزِهِمْ وَيَنصُرْكُمْ عَلَيْهِمْ وَيَشْفِ صُدُورَ قَوْمٍ مُّؤْمِنِينَ (١٤)

وَيُذْهِبْ غَيْظَ قُلُوبِهِمْ وَيَتُوبُ اللَّهُ
عَلَىٰ مَن يَشَاءُ وَاللَّهُ عَلِيمٌ حَكِيمٌ
(١٥) أَمْ حَسِبْتُمْ أَن تُتْرَكُوا وَلَمَّا
يَعْلَمِ اللَّهُ الَّذِينَ جَاهَدُوا مِنكُمْ
وَلَمْ يَتَّخِذُوا مِن دُونِ اللَّهِ وَلَا
رَسُولِهِ وَلَا الْمُؤْمِنِينَ وَلِيجَةً وَاللَّهُ
خَبِيرٌ بِمَا تَعْمَلُونَ (١٦) مَا كَانَ
لِلْمُشْرِكِينَ أَن يَعْمُرُوا مَسَاجِدَ
اللَّهِ شَاهِدِينَ عَلَىٰ أَنفُسِهِم بِالْكُفْرِ

أُولَٰئِكَ حَبِطَتْ أَعْمَالُهُمْ وَفِي النَّارِ هُمْ خَالِدُونَ (١٧) إِنَّمَا يَعْمُرُ مَسَاجِدَ اللَّهِ مَنْ آمَنَ بِاللَّهِ وَالْيَوْمِ الْآخِرِ وَأَقَامَ الصَّلَاةَ وَآتَى الزَّكَاةَ وَلَمْ يَخْشَ إِلَّا اللَّهَ فَعَسَىٰ أُولَٰئِكَ أَنْ يَكُونُوا مِنَ الْمُهْتَدِينَ (١٨) أَجَعَلْتُمْ سِقَايَةَ الْحَاجِّ وَعِمَارَةَ الْمَسْجِدِ الْحَرَامِ كَمَنْ آمَنَ بِاللَّهِ وَالْيَوْمِ الْآخِرِ

وَجَاهَدَ فِي سَبِيلِ اللَّهِ لَا يَسْتَوُونَ
عِنْدَ اللَّهِ وَاللَّهُ لَا يَهْدِي الْقَوْمَ
الظَّالِمِينَ ﴿١٩﴾ الَّذِينَ آمَنُوا
وَهَاجَرُوا وَجَاهَدُوا فِي سَبِيلِ اللَّهِ
بِأَمْوَالِهِمْ وَأَنفُسِهِمْ أَعْظَمُ دَرَجَةً
عِنْدَ اللَّهِ وَأُولَٰئِكَ هُمُ الْفَائِزُونَ
﴿٢٠﴾ يُبَشِّرُهُمْ رَبُّهُم بِرَحْمَةٍ مِّنْهُ
وَرِضْوَانٍ وَجَنَّاتٍ لَّهُمْ فِيهَا نَعِيمٌ
مُّقِيمٌ ﴿٢١﴾ خَالِدِينَ فِيهَا أَبَدًا

إِنَّ اللَّهَ عِندَهُ أَجْرٌ عَظِيمٌ (٢٢) يَا

أَيُّهَا الَّذِينَ آمَنُوا لَا تَتَّخِذُوا آبَاءَكُمْ

وَإِخْوَانَكُمْ أَوْلِيَاءَ إِنِ اسْتَحَبُّوا

الْكُفْرَ عَلَى الْإِيمَانِ وَمَن يَتَوَلَّهُم

مِّنكُمْ فَأُولَٰئِكَ هُمُ الظَّالِمُونَ (٢٣)

قُلْ إِن كَانَ آبَاؤُكُمْ وَأَبْنَاؤُكُمْ

وَإِخْوَانُكُمْ وَأَزْوَاجُكُمْ وَعَشِيرَتُكُمْ

وَأَمْوَالٌ اقْتَرَفْتُمُوهَا وَتِجَارَةٌ

تَخْشَوْنَ كَسَادَهَا

وَمَسَاكِنُ تَرْضَوْنَهَا أَحَبُّ إِلَيْكُم

مِّنَ اللَّهِ وَرَسُولِهِ وَجِهَادٍ فِي سَبِيلِهِ

فَتَرَبَّصُوا حَتَّى يَأْتِيَ اللَّهُ بِأَمْرِهِ

وَاللَّهُ لَا يَهْدِي الْقَوْمَ الْفَاسِقِينَ

(٢٤) لَقَدْ نَصَرَكُمُ اللَّهُ فِي مَوَاطِنَ

كَثِيرَةٍ وَيَوْمَ حُنَيْنٍ إِذْ أَعْجَبَتْكُمْ

كَثْرَتُكُمْ فَلَمْ تُغْنِ عَنكُمْ شَيْئًا

وَضَاقَتْ عَلَيْكُمُ الْأَرْضُ بِمَا رَحُبَتْ

ثُمَّ وَلَّيْتُم مُّدْبِرِينَ (٢٥)

ثُمَّ أَنْزَلَ اللَّهُ سَكِينَتَهُ عَلَى رَسُولِهِ

وَعَلَى الْمُؤْمِنِينَ وَأَنْزَلَ جُنُودًا لَمْ

تَرَوْهَا وَعَذَّبَ الَّذِينَ كَفَرُوا وَذَلِكَ

جَزَاءُ الْكَافِرِينَ (٢٦) ثُمَّ يَتُوبُ

اللَّهُ مِنْ بَعْدِ ذَلِكَ عَلَى مَنْ يَشَاءُ

وَاللَّهُ غَفُورٌ رَحِيمٌ (٢٧) يَا أَيُّهَا

الَّذِينَ آمَنُوا إِنَّمَا الْمُشْرِكُونَ نَجَسٌ

فَلَا يَقْرَبُوا الْمَسْجِدَ الْحَرَامَ بَعْدَ

عَامِهِمْ هَذَا

وَإِنْ خِفْتُمْ عَيْلَةً فَسَوْفَ يُغْنِيكُمُ اللَّهُ مِنْ فَضْلِهِ إِنْ شَاءَ إِنَّ اللَّهَ عَلِيمٌ حَكِيمٌ (٢٨) قَاتِلُوا الَّذِينَ لَا يُؤْمِنُونَ بِاللَّهِ وَلَا بِالْيَوْمِ الْآخِرِ وَلَا يُحَرِّمُونَ مَا حَرَّمَ اللَّهُ وَرَسُولُهُ وَلَا يَدِينُونَ دِينَ الْحَقِّ مِنَ الَّذِينَ أُوتُوا الْكِتَابَ حَتَّى يُعْطُوا الْجِزْيَةَ عَنْ يَدٍ وَهُمْ صَاغِرُونَ (٢٩) وَقَالَتِ الْيَهُودُ عُزَيْرٌ ابْنُ اللَّهِ

وَقَالَتِ النَّصَارَى الْمَسِيحُ ابْنُ اللَّهِ
ذَٰلِكَ قَوْلُهُم بِأَفْوَاهِهِمْ يُضَاهِئُونَ
قَوْلَ الَّذِينَ كَفَرُوا مِن قَبْلُ قَاتَلَهُمُ
اللَّهُ أَنَّىٰ يُؤْفَكُونَ ﴿٣٠﴾ اتَّخَذُوا
أَحْبَارَهُمْ وَرُهْبَانَهُمْ أَرْبَابًا مِّن دُونِ
اللَّهِ وَالْمَسِيحَ ابْنَ مَرْيَمَ وَمَا أُمِرُوا
إِلَّا لِيَعْبُدُوا إِلَٰهًا وَاحِدًا لَّا إِلَٰهَ إِلَّا هُوَ
سُبْحَانَهُ عَمَّا يُشْرِكُونَ ﴿٣١﴾

يُرِيدُونَ أَن يُطْفِئُوا نُورَ اللَّهِ

بِأَفْوَاهِهِمْ وَيَأْبَى اللَّهُ إِلَّا أَن يُتِمَّ نُورَهُ

وَلَوْ كَرِهَ الْكَافِرُونَ ﴿٣٢﴾ هُوَ الَّذِي

أَرْسَلَ رَسُولَهُ بِالْهُدَىٰ وَدِينِ الْحَقِّ

لِيُظْهِرَهُ عَلَى الدِّينِ كُلِّهِ وَلَوْ كَرِهَ

الْمُشْرِكُونَ ﴿٣٣﴾ يَا أَيُّهَا الَّذِينَ

آمَنُوا إِنَّ كَثِيرًا مِّنَ الْأَحْبَارِ

وَالرُّهْبَانِ لَيَأْكُلُونَ أَمْوَالَ النَّاسِ

بِالْبَاطِلِ وَيَصُدُّونَ عَن سَبِيلِ اللَّهِ

وَالَّذِينَ يَكْنِزُونَ الذَّهَبَ وَالْفِضَّةَ

وَلَا يُنْفِقُونَهَا فِي سَبِيلِ اللَّهِ

فَبَشِّرْهُمْ بِعَذَابٍ أَلِيمٍ (٣٤) يَوْمَ

يُحْمَىٰ عَلَيْهَا فِي نَارِ جَهَنَّمَ فَتُكْوَىٰ

بِهَا جِبَاهُهُمْ وَجُنُوبُهُمْ وَظُهُورُهُمْ

هَٰذَا مَا كَنَزْتُمْ لِأَنْفُسِكُمْ فَذُوقُوا مَا

كُنْتُمْ تَكْنِزُونَ (٣٥) إِنَّ عِدَّةَ

الشُّهُورِ عِنْدَ اللَّهِ اثْنَا عَشَرَ شَهْرًا

فِي كِتَابِ اللَّهِ

يَوْمَ خَلَقَ السَّمَاوَاتِ وَالْأَرْضَ مِنْهَا

أَرْبَعَةٌ حُرُمٌ ذَٰلِكَ الدِّينُ الْقَيِّمُ فَلَا

تَظْلِمُوا فِيهِنَّ أَنْفُسَكُمْ وَقَاتِلُوا

الْمُشْرِكِينَ كَافَّةً كَمَا يُقَاتِلُونَكُمْ

كَافَّةً وَاعْلَمُوا أَنَّ اللَّهَ مَعَ الْمُتَّقِينَ

(٣٦) إِنَّمَا النَّسِيءُ زِيَادَةٌ فِي

الْكُفْرِ يُضَلُّ بِهِ الَّذِينَ كَفَرُوا

يُحِلُّونَهُ عَامًا وَيُحَرِّمُونَهُ عَامًا

لِيُوَاطِئُوا عِدَّةَ مَا حَرَّمَ اللَّهُ

فَيَجْحَلُوا مَا حَرَّمَ اللَّهُ زَيَّنَ لَهُمْ سُوءُ

أَعْمَالِهِمْ وَاللَّهُ لَا يَهْدِي الْقَوْمَ

الْكَافِرِينَ (٣٧) يَا أَيُّهَا الَّذِينَ آمَنُوا

مَا لَكُمْ إِذَا قِيلَ لَكُمُ انْفِرُوا فِي

سَبِيلِ اللَّهِ اثَّاقَلْتُمْ إِلَى الْأَرْضِ

أَرَضِيتُمْ بِالْحَيَاةِ الدُّنْيَا مِنَ الْآخِرَةِ

فَمَا مَتَاعُ الْحَيَاةِ الدُّنْيَا فِي الْآخِرَةِ

إِلَّا قَلِيلٌ (٣٨) إِلَّا تَنْفِرُوا يُعَذِّبْكُمْ

عَذَابًا أَلِيمًا وَيَسْتَبْدِلْ قَوْمًا غَيْرَكُمْ

وَلَا تَضُرُّوهُ شَيْئًا وَاللَّهُ عَلَى كُلِّ شَيْءٍ قَدِيرٌ ﴿٣٩﴾ إِلَّا تَنْصُرُوهُ فَقَدْ نَصَرَهُ اللَّهُ إِذْ أَخْرَجَهُ الَّذِينَ كَفَرُوا ثَانِيَ اثْنَيْنِ إِذْ هُمَا فِي الْغَارِ إِذْ يَقُولُ لِصَاحِبِهِ لَا تَحْزَنْ إِنَّ اللَّهَ مَعَنَا فَأَنْزَلَ اللَّهُ سَكِينَتَهُ عَلَيْهِ وَأَيَّدَهُ بِجُنُودٍ لَمْ تَرَوْهَا وَجَعَلَ كَلِمَةَ الَّذِينَ كَفَرُوا السُّفْلَى وَكَلِمَةُ اللَّهِ هِيَ الْعُلْيَا وَاللَّهُ عَزِيزٌ حَكِيمٌ ﴿٤٠﴾

ٱنفِرُوا خِفَافًا وَثِقَالًا وَجَاهِدُوا بِأَمْوَالِكُمْ وَأَنفُسِكُمْ فِي سَبِيلِ ٱللَّهِ ذَٰلِكُمْ خَيْرٌ لَّكُمْ إِن كُنتُمْ تَعْلَمُونَ ﴿٤١﴾ لَوْ كَانَ عَرَضًا قَرِيبًا وَسَفَرًا قَاصِدًا لَّٱتَّبَعُوكَ وَلَٰكِن بَعُدَتْ عَلَيْهِمُ ٱلشُّقَّةُ وَسَيَحْلِفُونَ بِٱللَّهِ لَوِ ٱسْتَطَعْنَا لَخَرَجْنَا مَعَكُمْ يُهْلِكُونَ أَنفُسَهُمْ وَٱللَّهُ يَعْلَمُ إِنَّهُمْ لَكَاذِبُونَ ﴿٤٢﴾

عَفَا اللَّهُ عَنْكَ لِمَ أَذِنْتَ لَهُمْ حَتَّىٰ

يَتَبَيَّنَ لَكَ الَّذِينَ صَدَقُوا وَتَعْلَمَ

الْكَاذِبِينَ (٤٣) لَا يَسْتَأْذِنُكَ الَّذِينَ

يُؤْمِنُونَ بِاللَّهِ وَالْيَوْمِ الْآخِرِ أَن

يُجَاهِدُوا بِأَمْوَالِهِمْ وَأَنفُسِهِمْ ۗ وَاللَّهُ

عَلِيمٌ بِالْمُتَّقِينَ (٤٤) إِنَّمَا

يَسْتَأْذِنُكَ الَّذِينَ لَا يُؤْمِنُونَ بِاللَّهِ

وَالْيَوْمِ الْآخِرِ وَارْتَابَتْ قُلُوبُهُمْ فَهُمْ

فِي رَيْبِهِمْ يَتَرَدَّدُونَ (٤٥)

وَلَوْ أَرَادُوا الْخُرُوجَ لَأَعَدُّوا لَهُ

عُدَّةً وَلَٰكِن كَرِهَ اللَّهُ انبِعَاثَهُمْ

فَثَبَّطَهُمْ وَقِيلَ اقْعُدُوا مَعَ الْقَاعِدِينَ

(٤٦) لَوْ خَرَجُوا فِيكُم مَّا زَادُوكُمْ

إِلَّا خَبَالًا وَلَأَوْضَعُوا خِلَالَكُمْ

يَبْغُونَكُمُ الْفِتْنَةَ وَفِيكُمْ سَمَّاعُونَ

لَهُمْ وَاللَّهُ عَلِيمٌ بِالظَّالِمِينَ (٤٧)

لَقَدِ ابْتَغَوُا الْفِتْنَةَ مِن قَبْلُ وَقَلَّبُوا

لَكَ الْأُمُورَ حَتَّىٰ جَاءَ الْحَقُّ

وَظَهَرَ أَمْرُ اللَّهِ وَهُمْ كَارِهُونَ (٤٨)

وَمِنْهُم مَّن يَقُولُ ائْذَن لِّي وَلَا

تَفْتِنِّي أَلَا فِي الْفِتْنَةِ سَقَطُوا وَإِنَّ

جَهَنَّمَ لَمُحِيطَةٌ بِالْكَافِرِينَ (٤٩)

إِن تُصِبْكَ حَسَنَةٌ تَسُؤْهُمْ وَإِن

تُصِبْكَ مُصِيبَةٌ يَقُولُوا قَدْ أَخَذْنَا

أَمْرَنَا مِن قَبْلُ وَيَتَوَلَّوا وَّهُمْ فَرِحُونَ

(٥٠) قُل لَّن يُصِيبَنَا إِلَّا مَا كَتَبَ

اللَّهُ لَنَا هُوَ مَوْلَانَا

وَعَلَى اللَّهِ فَلْيَتَوَكَّلِ الْمُؤْمِنُونَ

(٥١) قُلْ هَلْ تَرَبَّصُونَ بِنَا إِلَّا

إِحْدَى الْحُسْنَيَيْنِ وَنَحْنُ نَتَرَبَّصُ

بِكُمْ أَنْ يُصِيبَكُمُ اللَّهُ بِعَذَابٍ مِنْ

عِنْدِهِ أَوْ بِأَيْدِينَا فَتَرَبَّصُوا إِنَّا مَعَكُمْ

مُتَرَبِّصُونَ (٥٢) قُلْ أَنْفِقُوا طَوْعًا

أَوْ كَرْهًا لَنْ يُتَقَبَّلَ مِنْكُمْ إِنَّكُمْ

كُنْتُمْ قَوْمًا فَاسِقِينَ (٥٣) وَمَا

مَنَعَهُمْ أَنْ تُقْبَلَ مِنْهُمْ نَفَقَاتُهُمْ

إِلَّا أَنَّهُمْ كَفَرُوا بِاللَّهِ وَبِرَسُولِهِ وَلَا يَأْتُونَ الصَّلَاةَ إِلَّا وَهُمْ كُسَالَى وَلَا يُنْفِقُونَ إِلَّا وَهُمْ كَارِهُونَ ﴿٥٤﴾ فَلَا تُعْجِبْكَ أَمْوَالُهُمْ وَلَا أَوْلَادُهُمْ إِنَّمَا يُرِيدُ اللَّهُ لِيُعَذِّبَهُمْ بِهَا فِي الْحَيَاةِ الدُّنْيَا وَتَزْهَقَ أَنْفُسُهُمْ وَهُمْ كَافِرُونَ ﴿٥٥﴾ وَيَحْلِفُونَ بِاللَّهِ إِنَّهُمْ لَمِنْكُمْ وَمَا هُمْ مِنْكُمْ وَلَكِنَّهُمْ قَوْمٌ يَفْرَقُونَ ﴿٥٦﴾

أَوْ يَجِدُونَ مَلْجَأً أَوْ مَغَارَاتٍ أَوْ
مُدَّخَلًا لَّوَلَّوْا إِلَيْهِ وَهُمْ يَجْمَحُونَ
(٥٧) وَمِنْهُم مَّن يَلْمِزُكَ فِي
الصَّدَقَاتِ فَإِنْ أُعْطُوا مِنْهَا رَضُوا
وَإِن لَّمْ يُعْطَوْا مِنْهَا إِذَا هُمْ
يَسْخَطُونَ (٥٨) وَلَوْ أَنَّهُمْ رَضُوا مَا
آتَاهُمُ اللَّهُ وَرَسُولُهُ وَقَالُوا حَسْبُنَا
اللَّهُ سَيُؤْتِينَا اللَّهُ مِن فَضْلِهِ
وَرَسُولُهُ إِنَّا إِلَى اللَّهِ رَاغِبُونَ (٥٩)

إِنَّمَا الصَّدَقَاتُ لِلْفُقَرَاءِ

وَالْمَسَاكِينِ وَالْعَامِلِينَ عَلَيْهَا

وَالْمُؤَلَّفَةِ قُلُوبُهُمْ وَفِي الرِّقَابِ

وَالْغَارِمِينَ وَفِي سَبِيلِ اللَّهِ وَابْنِ

السَّبِيلِ فَرِيضَةً مِّنَ اللَّهِ وَاللَّهُ

عَلِيمٌ حَكِيمٌ (٦٠) وَمِنْهُمُ الَّذِينَ

يُؤْذُونَ النَّبِيَّ وَيَقُولُونَ هُوَ أُذُنٌ قُلْ

أُذُنُ خَيْرٍ لَّكُمْ يُؤْمِنُ بِاللَّهِ وَيُؤْمِنُ

لِلْمُؤْمِنِينَ وَرَحْمَةٌ لِّلَّذِينَ آمَنُوا

مِنكُمْ وَالَّذِينَ يُؤْذُونَ رَسُولَ اللَّهِ لَهُمْ عَذَابٌ أَلِيمٌ ﴿٦١﴾ يَحْلِفُونَ بِاللَّهِ لَكُمْ لِيُرْضُوكُمْ وَاللَّهُ وَرَسُولُهُ أَحَقُّ أَن يُرْضُوهُ إِن كَانُوا مُؤْمِنِينَ ﴿٦٢﴾ أَلَمْ يَعْلَمُوا أَنَّهُ مَن يُحَادِدِ اللَّهَ وَرَسُولَهُ فَأَنَّ لَهُ نَارَ جَهَنَّمَ خَالِدًا فِيهَا ذَلِكَ الْخِزْيُ الْعَظِيمُ ﴿٦٣﴾ يَحْذَرُ الْمُنَافِقُونَ أَن تُنَزَّلَ عَلَيْهِمْ سُورَةٌ تُنَبِّئُهُم بِمَا فِي قُلُوبِهِم

قُلِ اسْتَهْزِئُوا إِنَّ اللَّهَ مُخْرِجٌ مَا تَحْذَرُونَ (٦٤) وَلَئِنْ سَأَلْتَهُمْ لَيَقُولُنَّ إِنَّمَا كُنَّا نَخُوضُ وَنَلْعَبُ قُلْ أَبِاللَّهِ وَآيَاتِهِ وَرَسُولِهِ كُنْتُمْ تَسْتَهْزِئُونَ (٦٥) لَا تَعْتَذِرُوا قَدْ كَفَرْتُمْ بَعْدَ إِيمَانِكُمْ إِنْ نَعْفُ عَنْ طَائِفَةٍ مِنْكُمْ نُعَذِّبْ طَائِفَةً بِأَنَّهُمْ كَانُوا مُجْرِمِينَ (٦٦) الْمُنَافِقُونَ وَالْمُنَافِقَاتُ بَعْضُهُمْ مِنْ بَعْضٍ

يَأْمُرُونَ بِالْمُنْكَرِ وَيَنْهَوْنَ عَنِ

الْمَعْرُوفِ وَيَقْبِضُونَ أَيْدِيَهُمْ نَسُوا

اللَّهَ فَنَسِيَهُمْ إِنَّ الْمُنَافِقِينَ هُمُ

الْفَاسِقُونَ ﴿٦٧﴾ وَعَدَ اللَّهُ

الْمُنَافِقِينَ وَالْمُنَافِقَاتِ وَالْكُفَّارَ نَارَ

جَهَنَّمَ خَالِدِينَ فِيهَا هِيَ حَسْبُهُمْ

وَلَعَنَهُمُ اللَّهُ وَلَهُمْ عَذَابٌ مُقِيمٌ

﴿٦٨﴾ كَالَّذِينَ مِنْ قَبْلِكُمْ كَانُوا

أَشَدَّ مِنْكُمْ قُوَّةً وَأَكْثَرَ أَمْوَالًا

وَأَوْلَادًا فَاسْتَمْتَعُوا بِخَلَاقِهِمْ

فَاسْتَمْتَعْتُمْ بِخَلَاقِكُمْ كَمَا اسْتَمْتَعَ

الَّذِينَ مِنْ قَبْلِكُمْ بِخَلَاقِهِمْ وَخُضْتُمْ

كَالَّذِي خَاضُوا أُولَٰئِكَ حَبِطَتْ

أَعْمَالُهُمْ فِي الدُّنْيَا وَالْآخِرَةِ

وَأُولَٰئِكَ هُمُ الْخَاسِرُونَ (٦٩) أَلَمْ

يَأْتِهِمْ نَبَأُ الَّذِينَ مِنْ قَبْلِهِمْ قَوْمِ نُوحٍ

وَعَادٍ وَثَمُودَ وَقَوْمِ إِبْرَاهِيمَ

وَأَصْحَابِ مَدْيَنَ وَالْمُؤْتَفِكَاتِ

أَنْتُهُمْ رُسُلُهُمْ بِالْبَيِّنَاتِ فَمَا كَانَ
اللَّهُ لِيَظْلِمَهُمْ وَلَكِنْ كَانُوا أَنْفُسَهُمْ
يَظْلِمُونَ (٧٠) وَالْمُؤْمِنُونَ
وَالْمُؤْمِنَاتُ بَعْضُهُمْ أَوْلِيَاءُ بَعْضٍ
يَأْمُرُونَ بِالْمَعْرُوفِ وَيَنْهَوْنَ عَنِ
الْمُنْكَرِ وَيُقِيمُونَ الصَّلَاةَ وَيُؤْتُونَ
الزَّكَاةَ وَيُطِيعُونَ اللَّهَ وَرَسُولَهُ
أُولَئِكَ سَيَرْحَمُهُمُ اللَّهُ إِنَّ اللَّهَ
عَزِيزٌ حَكِيمٌ (٧١)

وَعَدَ اللَّهُ الْمُؤْمِنِينَ وَالْمُؤْمِنَاتِ

جَنَّاتٍ تَجْرِي مِن تَحْتِهَا الْأَنْهَارُ

خَالِدِينَ فِيهَا وَمَسَاكِنَ طَيِّبَةً فِي

جَنَّاتِ عَدْنٍ وَرِضْوَانٌ مِّنَ اللَّهِ

أَكْبَرُ ذَٰلِكَ هُوَ الْفَوْزُ الْعَظِيمُ (٧٢)

يَا أَيُّهَا النَّبِيُّ جَاهِدِ الْكُفَّارَ

وَالْمُنَافِقِينَ وَاغْلُظْ عَلَيْهِمْ

وَمَأْوَاهُمْ جَهَنَّمُ وَبِئْسَ الْمَصِيرُ

(٧٣)

يَحْلِفُونَ بِاللَّهِ مَا قَالُوا وَلَقَدْ قَالُوا

كَلِمَةَ الْكُفْرِ وَكَفَرُوا بَعْدَ إِسْلَامِهِمْ

وَهَمُّوا بِمَا لَمْ يَنَالُوا وَمَا نَقَمُوا إِلَّا

أَنْ أَغْنَاهُمُ اللَّهُ وَرَسُولُهُ مِنْ فَضْلِهِ

فَإِنْ يَتُوبُوا يَكُ خَيْرًا لَهُمْ وَإِنْ

يَتَوَلَّوْا يُعَذِّبْهُمُ اللَّهُ عَذَابًا أَلِيمًا فِي

الدُّنْيَا وَالْآخِرَةِ وَمَا لَهُمْ فِي الْأَرْضِ

مِنْ وَلِيٍّ وَلَا نَصِيرٍ (٧٤) وَمِنْهُمْ

مَنْ عَاهَدَ اللَّهَ لَئِنْ آتَانَا مِنْ فَضْلِهِ

لَنَصَّدَّقَنَّ وَلَنَكُونَنَّ مِنَ الصَّالِحِينَ

(٧٥) فَلَمَّا آتَاهُم مِّن فَضْلِهِ بَخِلُوا

بِهِ وَتَوَلَّوا وَّهُم مُّعْرِضُونَ (٧٦)

فَأَعْقَبَهُمْ نِفَاقًا فِي قُلُوبِهِمْ إِلَىٰ يَوْمِ

يَلْقَوْنَهُ بِمَا أَخْلَفُوا اللَّهَ مَا وَعَدُوهُ

وَبِمَا كَانُوا يَكْذِبُونَ (٧٧) أَلَمْ

يَعْلَمُوا أَنَّ اللَّهَ يَعْلَمُ سِرَّهُمْ

وَنَجْوَاهُمْ وَأَنَّ اللَّهَ عَلَّامُ الْغُيُوبِ

(٧٨)

الَّذِينَ يَلْمِزُونَ الْمُطَّوِّعِينَ مِنَ

الْمُؤْمِنِينَ فِي الصَّدَقَاتِ وَالَّذِينَ لَا

يَجِدُونَ إِلَّا جُهْدَهُمْ فَيَسْخَرُونَ

مِنْهُمْ سَخِرَ اللَّهُ مِنْهُمْ وَلَهُمْ عَذَابٌ

أَلِيمٌ (٧٩) اسْتَغْفِرْ لَهُمْ أَوْ لَا

تَسْتَغْفِرْ لَهُمْ إِنْ تَسْتَغْفِرْ لَهُمْ سَبْعِينَ

مَرَّةً فَلَنْ يَغْفِرَ اللَّهُ لَهُمْ ذَٰلِكَ بِأَنَّهُمْ

كَفَرُوا بِاللَّهِ وَرَسُولِهِ وَاللَّهُ لَا يَهْدِي

الْقَوْمَ الْفَاسِقِينَ (٨٠)

فَرِحَ الْمُخَلَّفُونَ بِمَقْعَدِهِمْ خِلَافَ

رَسُولِ اللَّهِ وَكَرِهُوا أَنْ يُجَاهِدُوا

بِأَمْوَالِهِمْ وَأَنْفُسِهِمْ فِي سَبِيلِ اللَّهِ

وَقَالُوا لَا تَنْفِرُوا فِي الْحَرِّ قُلْ نَارُ

جَهَنَّمَ أَشَدُّ حَرًّا لَوْ كَانُوا يَفْقَهُونَ

(٨١) فَلْيَضْحَكُوا قَلِيلًا وَلْيَبْكُوا

كَثِيرًا جَزَاءً بِمَا كَانُوا يَكْسِبُونَ

(٨٢) فَإِنْ رَجَعَكَ اللَّهُ إِلَى طَائِفَةٍ

مِنْهُمْ فَاسْتَأْذَنُوكَ لِلْخُرُوجِ

فَقُل لَّن تَخْرُجُوا مَعِيَ أَبَدًا وَلَن

تُقَاتِلُوا مَعِيَ عَدُوًّا إِنَّكُمْ رَضِيتُم

بِالْقُعُودِ أَوَّلَ مَرَّةٍ فَاقْعُدُوا مَعَ

الْخَالِفِينَ (٨٣) وَلَا تُصَلِّ عَلَىٰ

أَحَدٍ مِّنْهُم مَّاتَ أَبَدًا وَلَا تَقُمْ عَلَىٰ

قَبْرِهِ إِنَّهُمْ كَفَرُوا بِاللَّهِ وَرَسُولِهِ

وَمَاتُوا وَهُمْ فَاسِقُونَ (٨٤) وَلَا

تُعْجِبْكَ أَمْوَالُهُمْ وَأَوْلَادُهُمْ إِنَّمَا

يُرِيدُ اللَّهُ أَن يُعَذِّبَهُم بِهَا فِي الدُّنْيَا

وَتَرْهَقُهُمْ أَنفُسَهُمْ وَهُم كَافِرُونَ (٨٥)

ثُمَّ وَإِذَا أُنزِلَتْ سُورَةٌ أَنْ آمِنُوا بِاللَّهِ

وَجَاهِدُوا مَعَ رَسُولِهِ اسْتَأْذَنَكَ أُولُو

الطَّوْلِ مِنْهُمْ وَقَالُوا ذَرْنَا نَكُن مَّع

الْقَاعِدِينَ (٨٦) رَضُوا بِأَن يَكُونُوا

مَعَ الْخَوَالِفِ وَطُبِعَ عَلَىٰ قُلُوبِهِمْ

فَهُمْ لَا يَفْقَهُونَ (٨٧) لَكِنِ الرَّسُولُ

وَالَّذِينَ آمَنُوا مَعَهُ جَاهَدُوا

بِأَمْوَالِهِمْ وَأَنفُسِهِمْ

وَأُولَٰئِكَ لَهُمُ الْخَيْرَاتُ وَأُولَٰئِكَ هُمُ الْمُفْلِحُونَ ﴿٨٨﴾ أَعَدَّ اللَّهُ لَهُمْ جَنَّاتٍ تَجْرِي مِن تَحْتِهَا الْأَنْهَارُ خَالِدِينَ فِيهَا ذَٰلِكَ الْفَوْزُ الْعَظِيمُ ﴿٨٩﴾ وَجَاءَ الْمُعَذِّرُونَ مِنَ الْأَعْرَابِ لِيُؤْذَنَ لَهُمْ وَقَعَدَ الَّذِينَ كَذَبُوا اللَّهَ وَرَسُولَهُ سَيُصِيبُ الَّذِينَ كَفَرُوا مِنْهُمْ عَذَابٌ أَلِيمٌ ﴿٩٠﴾ لَيْسَ عَلَى الضُّعَفَاءِ وَلَا عَلَى الْمَرْضَى

وَلَا عَلَى الَّذِينَ لَا يَجِدُونَ مَا

يُنفِقُونَ حَرَجٌ إِذَا نَصَحُوا لِلَّهِ

وَرَسُولِهِ مَا عَلَى الْمُحْسِنِينَ مِن

سَبِيلٍ وَاللَّهُ غَفُورٌ رَحِيمٌ ﴿٩١﴾ وَلَا

عَلَى الَّذِينَ إِذَا مَا أَتَوْكَ لِتَحْمِلَهُمْ

قُلْتَ لَا أَجِدُ مَا أَحْمِلُكُمْ عَلَيْهِ تَوَلَّوْا

وَأَعْيُنُهُمْ تَفِيضُ مِنَ الدَّمْعِ حَزَنًا أَلَّا

يَجِدُوا مَا يُنفِقُونَ ﴿٩٢﴾ إِنَّمَا السَّبِيلُ

عَلَى الَّذِينَ يَسْتَأْذِنُونَكَ وَهُمْ أَغْنِيَاءُ

رَضُوا بِأَن يَكُونُوا مَعَ الخَوَالِفِ وَطَبَعَ اللَّهُ عَلَىٰ قُلُوبِهِمْ فَهُمْ لَا يَعْلَمُونَ (٩٣) يَعْتَذِرُونَ إِلَيْكُمْ إِذَا رَجَعْتُمْ إِلَيْهِمْ قُل لَّا تَعْتَذِرُوا لَن نُّؤْمِنَ لَكُمْ قَدْ نَبَّأَنَا اللَّهُ مِنْ أَخْبَارِكُمْ وَسَيَرَى اللَّهُ عَمَلَكُمْ وَرَسُولُهُ ثُمَّ تُرَدُّونَ إِلَىٰ عَالِمِ الغَيْبِ وَالشَّهَادَةِ فَيُنَبِّئُكُم بِمَا كُنتُمْ تَعْمَلُونَ (٩٤)

سَيَحْلِفُونَ بِاللَّهِ لَكُمْ إِذَا انقَلَبْتُمْ

إِلَيْهِمْ لِتُعْرِضُوا عَنْهُمْ فَأَعْرِضُوا

عَنْهُمْ إِنَّهُمْ رِجْسٌ وَمَأْوَاهُمْ جَهَنَّمُ

جَزَاءً بِمَا كَانُوا يَكْسِبُونَ ﴿٩٥﴾

يَحْلِفُونَ لَكُمْ لِتَرْضَوْا عَنْهُمْ فَإِن

تَرْضَوْا عَنْهُمْ فَإِنَّ اللَّهَ لَا يَرْضَى

عَنِ الْقَوْمِ الْفَاسِقِينَ ﴿٩٦﴾

الْأَعْرَابُ أَشَدُّ كُفْرًا وَنِفَاقًا وَأَجْدَرُ

أَلَّا يَعْلَمُوا حُدُودَ مَا أَنزَلَ اللَّهُ

عَلَىٰ رَسُولِهِ وَاللَّهُ عَلِيمٌ حَكِيمٌ

(٩٧) وَمِنَ الْأَعْرَابِ مَن يَتَّخِذُ مَا

يُنفِقُ مَغْرَمًا وَيَتَرَبَّصُ بِكُمُ الدَّوَائِرَ

عَلَيْهِمْ دَائِرَةُ السَّوْءِ وَاللَّهُ سَمِيعٌ

عَلِيمٌ (٩٨) وَمِنَ الْأَعْرَابِ مَن

يُؤْمِنُ بِاللَّهِ وَالْيَوْمِ الْآخِرِ وَيَتَّخِذُ مَا

يُنفِقُ قُرُبَاتٍ عِندَ اللَّهِ وَصَلَوَاتِ

الرَّسُولِ أَلَا إِنَّهَا قُرْبَةٌ لَّهُمْ

سَيُدْخِلُهُمُ اللَّهُ فِي رَحْمَتِهِ

إِنَّ اللَّهَ غَفُورٌ رَحِيمٌ ﴿٩٩﴾

وَالسَّابِقُونَ الْأَوَّلُونَ مِنَ الْمُهَاجِرِينَ

وَالْأَنْصَارِ وَالَّذِينَ اتَّبَعُوهُم بِإِحْسَانٍ

رَّضِيَ اللَّهُ عَنْهُمْ وَرَضُوا عَنْهُ وَأَعَدَّ

لَهُمْ جَنَّاتٍ تَجْرِي تَحْتَهَا الْأَنْهَارُ

خَالِدِينَ فِيهَا أَبَدًا ذَٰلِكَ الْفَوْزُ

الْعَظِيمُ ﴿١٠٠﴾ وَمِمَّنْ حَوْلَكُم مِّنَ

الْأَعْرَابِ مُنَافِقُونَ وَمِنْ أَهْلِ

الْمَدِينَةِ مَرَدُوا عَلَى النِّفَاقِ

لَا تَعْلَمُهُمْ نَحْنُ نَعْلَمُهُمْ سَنُعَذِّبُهُمْ

مَرَّتَيْنِ ثُمَّ يُرَدُّونَ إِلَىٰ عَذَابٍ عَظِيمٍ

(١٠١) وَآخَرُونَ اعْتَرَفُوا بِذُنُوبِهِمْ

خَلَطُوا عَمَلًا صَالِحًا وَآخَرَ سَيِّئًا

عَسَى اللَّهُ أَن يَتُوبَ عَلَيْهِمْ إِنَّ اللَّهَ

غَفُورٌ رَحِيمٌ (١٠٢) خُذْ مِنْ أَمْوَالِهِمْ

صَدَقَةً تُطَهِّرُهُمْ وَتُزَكِّيهِم بِهَا وَصَلِّ

عَلَيْهِمْ إِنَّ صَلَاتَكَ سَكَنٌ لَّهُمْ وَاللَّهُ

سَمِيعٌ عَلِيمٌ (١٠٣)

أَلَمْ يَعْلَمُوا أَنَّ اللَّهَ هُوَ يَقْبَلُ التَّوْبَةَ

عَنْ عِبَادِهِ وَيَأْخُذُ الصَّدَقَاتِ وَأَنَّ

اللَّهَ هُوَ التَّوَّابُ الرَّحِيمُ (١٠٤) وَقُلِ

اعْمَلُوا فَسَيَرَى اللَّهُ عَمَلَكُمْ وَرَسُولُهُ

وَالْمُؤْمِنُونَ وَسَتُرَدُّونَ إِلَى عَالِمِ

الْغَيْبِ وَالشَّهَادَةِ فَيُنَبِّئُكُمْ بِمَا كُنْتُمْ

تَعْمَلُونَ (١٠٥) وَآخَرُونَ مُرْجَوْنَ

لِأَمْرِ اللَّهِ إِمَّا يُعَذِّبُهُمْ وَإِمَّا يَتُوبُ

عَلَيْهِمْ وَاللَّهُ عَلِيمٌ حَكِيمٌ (١٠٦)

وَالَّذِينَ اتَّخَذُوا مَسْجِدًا ضِرَارًا

وَكُفْرًا وَتَفْرِيقًا بَيْنَ الْمُؤْمِنِينَ

وَإِرْصَادًا لِمَنْ حَارَبَ اللَّهَ وَرَسُولَهُ

مِنْ قَبْلُ وَلَيَحْلِفُنَّ إِنْ أَرَدْنَا إِلَّا

الْحُسْنَى وَاللَّهُ يَشْهَدُ إِنَّهُمْ

لَكَاذِبُونَ (١٠٧) لَا تَقُمْ فِيهِ أَبَدًا

لَمَسْجِدٌ أُسِّسَ عَلَى التَّقْوَى مِنْ

أَوَّلِ يَوْمٍ أَحَقُّ أَنْ تَقُومَ فِيهِ فِيهِ

رِجَالٌ يُحِبُّونَ أَنْ يَتَطَهَّرُوا

وَاللَّهُ يُحِبُّ الْمُطَّهِّرِينَ ﴿١٠٨﴾

أَفَمَنْ أَسَّسَ بُنْيَانَهُ عَلَىٰ تَقْوَىٰ مِنَ اللَّهِ وَرِضْوَانٍ خَيْرٌ أَم مَّنْ أَسَّسَ بُنْيَانَهُ عَلَىٰ شَفَا جُرُفٍ هَارٍ فَانْهَارَ بِهِ فِي نَارِ جَهَنَّمَ وَاللَّهُ لَا يَهْدِي الْقَوْمَ الظَّالِمِينَ ﴿١٠٩﴾ لَا يَزَالُ بُنْيَانُهُمُ الَّذِي بَنَوْا رِيبَةً فِي قُلُوبِهِمْ إِلَّا أَن تَقَطَّعَ قُلُوبُهُمْ وَاللَّهُ عَلِيمٌ حَكِيمٌ ﴿١١٠﴾

إِنَّ اللَّهَ اشْتَرَىٰ مِنَ الْمُؤْمِنِينَ

أَنفُسَهُمْ وَأَمْوَالَهُم بِأَنَّ لَهُمُ الْجَنَّةَ

يُقَاتِلُونَ فِي سَبِيلِ اللَّهِ فَيَقْتُلُونَ

وَيُقْتَلُونَ وَعْدًا عَلَيْهِ حَقًّا فِي

التَّوْرَاةِ وَالْإِنجِيلِ وَالْقُرْآنِ وَمَنْ

أَوْفَىٰ بِعَهْدِهِ مِنَ اللَّهِ فَاسْتَبْشِرُوا

بِبَيْعِكُمُ الَّذِي بَايَعْتُم بِهِ وَذَٰلِكَ هُوَ

الْفَوْزُ الْعَظِيمُ ﴿١١١﴾

التَّائِبُونَ الْعَابِدُونَ الْحَامِدُونَ
السَّائِحُونَ الرَّاكِعُونَ السَّاجِدُونَ
الْآمِرُونَ بِالْمَعْرُوفِ وَالنَّاهُونَ عَنِ
الْمُنْكَرِ وَالْحَافِظُونَ لِحُدُودِ اللَّهِ
وَبَشِّرِ الْمُؤْمِنِينَ ﴿١١٢﴾ مَا كَانَ
لِلنَّبِيِّ وَالَّذِينَ آمَنُوا أَن يَسْتَغْفِرُوا
لِلْمُشْرِكِينَ وَلَوْ كَانُوا أُولِي قُرْبَى
مِن بَعْدِ مَا تَبَيَّنَ لَهُمْ أَنَّهُمْ أَصْحَابُ
الْجَحِيمِ ﴿١١٣﴾

وَمَا كَانَ اسْتِغْفَارُ إِبْرَاهِيمَ لِأَبِيهِ إِلَّا

عَنْ مَوْعِدَةٍ وَعَدَهَا إِيَّاهُ فَلَمَّا تَبَيَّنَ

لَهُ أَنَّهُ عَدُوٌّ لِلَّهِ تَبَرَّأَ مِنْهُ إِنَّ

إِبْرَاهِيمَ لَأَوَّاهٌ حَلِيمٌ (١١٤) وَمَا

كَانَ اللَّهُ لِيُضِلَّ قَوْمًا بَعْدَ إِذْ

هَدَاهُمْ حَتَّى يُبَيِّنَ لَهُمْ مَا يَتَّقُونَ إِنَّ

اللَّهَ بِكُلِّ شَيْءٍ عَلِيمٌ (١١٥) إِنَّ

اللَّهَ لَهُ مُلْكُ السَّمَاوَاتِ وَالْأَرْضِ

يُحْيِي وَيُمِيتُ

وَمَا لَكُمْ مِنْ دُونِ اللَّهِ مِنْ وَلِيٍّ وَلَا
نَصِيرٍ ﴿١١٦﴾ لَقَدْ تَابَ اللَّهُ عَلَى
النَّبِيِّ وَالْمُهَاجِرِينَ وَالْأَنْصَارِ الَّذِينَ
اتَّبَعُوهُ فِي سَاعَةِ الْعُسْرَةِ مِنْ بَعْدِ مَا
كَادَ يَزِيغُ قُلُوبُ فَرِيقٍ مِنْهُمْ ثُمَّ تَابَ
عَلَيْهِمْ إِنَّهُ بِهِمْ رَءُوفٌ رَحِيمٌ ﴿١١٧﴾
وَعَلَى الثَّلَاثَةِ الَّذِينَ خُلِّفُوا حَتَّى
إِذَا ضَاقَتْ عَلَيْهِمُ الْأَرْضُ بِمَا
رَحُبَتْ وَضَاقَتْ عَلَيْهِمْ أَنْفُسُهُمْ

وَظَنُّوا أَنْ لَا مَلْجَأَ مِنَ اللَّهِ إِلَّا إِلَيْهِ ثُمَّ تَابَ عَلَيْهِمْ لِيَتُوبُوا إِنَّ اللَّهَ هُوَ التَّوَّابُ الرَّحِيمُ (١١٨) يَا أَيُّهَا الَّذِينَ آمَنُوا اتَّقُوا اللَّهَ وَكُونُوا مَعَ الصَّادِقِينَ (١١٩) مَا كَانَ لِأَهْلِ الْمَدِينَةِ وَمَنْ حَوْلَهُمْ مِنَ الْأَعْرَابِ أَنْ يَتَخَلَّفُوا عَنْ رَسُولِ اللَّهِ وَلَا يَرْغَبُوا بِأَنْفُسِهِمْ عَنْ نَفْسِهِ ذَلِكَ بِأَنَّهُمْ لَا يُصِيبُهُمْ ظَمَأٌ وَلَا نَصَبٌ

وَلَا مَخْمَصَةٌ فِي سَبِيلِ اللَّهِ وَلَا
يَطَئُونَ مَوْطِئًا يَغِيظُ الْكُفَّارَ وَلَا
يَنَالُونَ مِنْ عَدُوٍّ نَيْلًا إِلَّا كُتِبَ لَهُم
بِهِ عَمَلٌ صَالِحٌ إِنَّ اللَّهَ لَا يُضِيعُ
أَجْرَ الْمُحْسِنِينَ (١٢٠) وَلَا يُنْفِقُونَ
نَفَقَةً صَغِيرَةً وَلَا كَبِيرَةً وَلَا
يَقْطَعُونَ وَادِيًا إِلَّا كُتِبَ لَهُمْ
لِيَجْزِيَهُمُ اللَّهُ أَحْسَنَ مَا كَانُوا
يَعْمَلُونَ (١٢١)

وَمَا كَانَ الْمُؤْمِنُونَ لِيَنْفِرُوا كَافَّةً

فَلَوْلَا نَفَرَ مِنْ كُلِّ فِرْقَةٍ مِنْهُمْ طَائِفَةٌ

لِيَتَفَقَّهُوا فِي الدِّينِ وَلِيُنْذِرُوا

قَوْمَهُمْ إِذَا رَجَعُوا إِلَيْهِمْ لَعَلَّهُمْ

يَحْذَرُونَ (١٢٢) يَا أَيُّهَا الَّذِينَ آمَنُوا

قَاتِلُوا الَّذِينَ يَلُونَكُمْ مِنَ الْكُفَّارِ

وَلْيَجِدُوا فِيكُمْ غِلْظَةً وَاعْلَمُوا أَنَّ

اللَّهَ مَعَ الْمُتَّقِينَ (١٢٣) وَإِذَا مَا

أُنْزِلَتْ سُورَةٌ

فَمِنْهُم مَّن يَقُولُ أَيُّكُمْ زَادَتْهُ هَٰذِهِ

إِيمَانًا ۚ فَأَمَّا الَّذِينَ آمَنُوا فَزَادَتْهُمْ

إِيمَانًا وَهُمْ يَسْتَبْشِرُونَ (١٢٤) وَأَمَّا

الَّذِينَ فِي قُلُوبِهِم مَّرَضٌ فَزَادَتْهُمْ

رِجْسًا إِلَىٰ رِجْسِهِمْ وَمَاتُوا وَهُمْ

كَافِرُونَ (١٢٥) أَوَلَا يَرَوْنَ أَنَّهُمْ

يُفْتَنُونَ فِي كُلِّ عَامٍ مَّرَّةً أَوْ مَرَّتَيْنِ

ثُمَّ لَا يَتُوبُونَ وَلَا هُمْ يَذَّكَّرُونَ

(١٢٦) وَإِذَا مَا أُنزِلَتْ سُورَةٌ

نَظَرَ بَعْضُهُمْ إِلَىٰ بَعْضٍ هَلْ يَرَاكُم

مِّنْ أَحَدٍ ثُمَّ انصَرَفُوا صَرَفَ اللَّهُ

قُلُوبَهُم بِأَنَّهُمْ قَوْمٌ لَّا يَفْقَهُونَ (١٢٧)

لَقَدْ جَاءَكُمْ رَسُولٌ مِّنْ أَنفُسِكُمْ

عَزِيزٌ عَلَيْهِ مَا عَنِتُّمْ حَرِيصٌ

عَلَيْكُم بِالْمُؤْمِنِينَ رَؤُوفٌ رَّحِيمٌ

(١٢٨) فَإِن تَوَلَّوْا فَقُلْ حَسْبِيَ اللَّهُ

لَا إِلَٰهَ إِلَّا هُوَ عَلَيْهِ تَوَكَّلْتُ وَهُوَ رَبُّ

الْعَرْشِ الْعَظِيمِ (١٢٩)